ふしぎなイギリス

笠原敏彦

講談社現代新書

2317

序文

２０１１年春。ロンドンのバッキンガム宮殿周辺にはウィリアム王子とキャサリン妃の結婚を祝福するため１００万人もの人出があった。「雷雨に強風」という事前の天気予報は幸いにも外れ、曇天の空からはときに薄日が漏れた。急速に多民族化するイギリス社会の変化を反映して、繰り出した人々の肌の色はさまざまだった。テレビやインターネットで結婚式を見た人は世界で24億人に上ったとされ、改めて、イギリス王室への国際的な関心の高さを見せつけた。

今、世界を見渡して１００万人を動員できる存在は他にどれだけいるだろうか。ロック界のスーパースター？　ハリウッド映画界のセレブ？　恐らく、英王室の動員力に匹敵するのは米大統領の就任式ぐらいだろう。バラク・オバマ氏が「チェンジ」を掲げて米国に熱狂を呼び起こし、２００９年に大統領に就任した際、オバマ夫妻は「世界最高のブランド」と言われた。しかし、数多《あまた》の政治指導者の例に漏れず、オバマ人気は時とともに陰っていく。一方で、イギリス王室は浮き沈みを経ながらも、危機のたびに強靭な復元力を示し、国民の高い支持を保っている。私は、ロイヤル・ウェディングを取材しながら、いつもの疑問に思いをめぐらせていた。それは、「王室という非近代的な制度がなぜかくも強く支持されるのか」ということである。

私は毎日新聞の特派員として2度にわたり計8年間ロンドンに駐在し、イギリス王室が劇的に変化する節目を取材する機会に遭遇した。最初に赴任したのはダイアナ元妃がパリで交通事故死して1ヵ月後の1997年9月末。着任後、最初に訪れたのは彼女が生前住んでいたロンドン中心部のケンジントン宮殿だった。チャールズ皇太子との離婚、ダブル不倫などのスキャンダルにまみれながらも、ダイアナはその劇的な事故死により偶像化され、「国民のプリンセス」となった。彼女の死に際し、感情をあまり表に出さないはずのイギリス国民の多くが人前で号泣した。哀悼のバラの花束がロンドン中心部を埋め尽くした光景を覚えている人も多いのではないだろうか。ケンジントン宮殿を最初の取材現場に選んだのは、この「ダイアナ現象」を読み解くことこそイギリス社会を理解する重要な鍵の一つだと考えたからだ。私が訪れたとき、宮殿のゲート前にはまだ多くの花束がうずたかく積まれ、甘い香りが漂っていたことを今も鮮明に思い出す。

イギリス王室とその社会を理解する私の旅はここから始まった。最初の駐在5年間（1997〜2002年）は、ダイアナ事故死への冷たい対応で批判を浴び、「王室存亡の危機」に直面した女王エリザベス2世が王室の自己改革を進めて国民の信頼を回復する軌跡と重なった。そのクライマックスが、2002年6月に盛大に行われた女王即位50年を祝うゴールデン・ジュビリーの式典だった。ここでも、バッキンガム宮殿前の大通りには100万人もの人々が繰り出した。人海の波間に揺れる青、白、赤の国旗ユニオン・ジャックの光景は身震いするほどの壮大さだった。

20世紀はヨーロッパの王室にとって受難の時代だった。第1次世界大戦の敗戦や革命により各国の王室は一つひとつ廃止されたり象徴的な存在に退いていったりした。その中で、イギリス王室はなぜかくも強い存在感を示し続けているのか。ダイアナ事故死から5年間の王室再生のドラマにはその理由が隠されているように思う。それは、歴史的体験に裏打ちされた、イギリス王室の「変わらずに生き残るためには、自ら変わらなければならない」という行動原理である。

2度目のロンドン駐在（2009〜2012年）のハイライトは、ウィリアム王子のロイヤル・ウェディングである。結婚セレモニーには、国民に喜びを与える「幸福産業」としての王室の役割が凝縮されていた。2人は王室存続に向けたドリーム・チケットであり、人々は2人にイギリスの明るい未来を見出そうとしているように思えた。

21世紀初頭のイギリスでは「歴史の逆行」とでも呼びたくなる現象が起きていて興味深い。民主主義の理念と世襲制の王室は矛盾するはずだが、イギリスでは王室への支持が一層強固になっているのである。

その理由を考えるとき、一つの時代状況に行き着く。グローバリゼーションである。現代の政治では、「民主主義の機能不全」が指摘される。ヒトやモノが国境を越えて自由に移動する社会において、経済を始めとした諸問題が一国では解決困難となるのは自然な帰結であり、その結果として、多くの国で「政治家への不信」が広がっている。また、プチグローバル化としての欧州連合（ＥＵ）の統合深化と、移民の大量流入に伴い、欧州では「アイデンティティの危機」という問題も浮上している。国民が「自分たちは一体何者なのか」と帰属意識に敏感になっているのである。

「政治不信」と「アイデンティティの危機」。この２つの潮流を背景に、イギリス王室はグローバル化時代の新たな存在意義を見出しているようにみえる。それは、政治から超然として、歴史と伝統の継続性を象徴するとともに、分裂しがちな多民族国家を統合するという役割である。

本稿には、２つのテーマがある。メインテーマは、近代合理主義を育み、世界に議会制民主主義などのお手本を示したイギリス人がなぜ、世襲の君主制を支持するのかという「エニグマ（謎）」を読み解き、国家、社会とは何なのかについて考えることだ。民主主義の機能不全とアイデンティティの問題は今後、各国に共通する悩みとして深まっていくだろう。グローバリゼーションの最先端を行くイギリスの抱える事情は、多くの国にとって他人事ではないはずだ。

サブテーマは、イギリスとアメリカという「2つのアングロ・サクソン国家」が主導してきた世界の在り方だ。私は、ワシントン特派員（2005〜2008年）として、大西洋の反対側からもイギリスを考察し、英米関係をフォローする機会を得た。明治維新以降、日本が背中を追いかけてきた両国の政治や社会を皮膚感覚として知ることで、日本の姿や世界の姿が随分と違って見えるようになった。その経験を通して、日本人がより多様な国家観や世界観、歴史観を持つ必要性を痛感した。

ロンドンとワシントンで特派員を務めた時期は、国際秩序が劇的に変化した時代だった。東西冷戦の終結後、唯一の超大国アメリカによる一極支配の時代は瞬く間に終わった。2001年の米同時多発テロを受けた、アフガニスタンとイラクでの対テロ戦争の「失敗」は、国際秩序の歴史的な一大転換点と位置づけられるだろう。それは、過去2世紀以上にわたり、2つのアングロ・サクソン国家により支配されてきた世界秩序の終わりの始まりを導いたという意味においてである。

このサブテーマは一見、メインテーマとは別次元の話に思えるかもしれない。しかし、この2つのテーマは密接につながっている。なぜなら、市場経済と自由な社会を両輪とするグローバリゼーションを含め、20世紀以降の世界の歩みは、英米両国の共同プロジェクト的な側面が強いからである。
本稿がグローバル化時代のガバナンス（統治）を考える一つのヒントとなり、象徴天皇制を敷く日本にとって少しでも参考になれば幸いである。

笠原敏彦

目次

コラム

◇イギリス略史

BC1世紀以前	ケルト系諸部族社会の形成
55	ローマのカエサルが侵攻
AD5世紀	ドイツ地方からアングル、サクソン人が本格侵入
1066	フランス・ノルマン人による征服。ウィリアム1世即位
1215	ジョン王が王権を制限するマグナカルタ（大憲章）に署名
1534	ヘンリー8世の下、ローマ教皇庁から分離しイングランド国教会創立
1536	ウェールズ統合
1600	東インド会社設立
1607	アメリカ東部バージニアに初の入植地としてジェームズタウン建設
1649	清教徒革命。チャールズ1世処刑。クロムウェル指導の共和国へ移行
1660	王政復古。チャールズ2世即位
1688	名誉革命。翌89年に権利章典（立憲君主制の基礎が確立）
1707	イングランドとスコットランドが合同
18世紀中盤	産業革命始まる
1775	アメリカ独立戦争（～83、76年に独立宣言）
1776	アダム・スミス「国富論」、トマス・ペイン「コモン・センス」
1801	アイルランド併合
1837	ビクトリア女王即位（～1901、在位期間約63年7ヵ月）
1914	第1次世界大戦勃発（～18、戦争後、大英帝国の版図最大に）
1922	アイルランド自由国成立（49年に英連邦から離脱）
1939	対ドイツ宣戦布告。第2次世界大戦（～45）
1952	エリザベス2世即位（当時25歳）
1956	スエズ危機
1973	欧州共同体（EC）加盟
1979	サッチャー保守党政権誕生（～90）
1982	アルゼンチンとのフォークランド戦争
1997	ブレア労働党政権誕生（ブラウン政権が後継し2010年まで） ダイアナ元皇太子妃がパリで交通事故死
1998	北アイルランド和平合意
2003	イラク戦争（英軍は09年、米軍は11年に撤退）
2002	エリザベス女王即位50年
2011	ウィリアム王子とキャサリン妃が結婚
2012	ロンドン五輪（同一都市での3回目の五輪開催は初めて）
2014	スコットランドでの住民投票で独立を否決

スコットランド
エディンバラ
北アイルランド
ベルファスト
アイルランド共和国
ウェールズ
イングランド
カーディフ
ロンドン
イギリス全図

第１章

ロイヤル・ウェディングの記号論

ウィリアム王子夫妻の成婚パレードの一幕。バッキンガム宮殿前で　写真：著者撮影

現代の錬金術

不思議な感覚だった。国際政治や戦争などを主に取材してきた経験から、「たかが王族の結婚」と思いながらも、「１００万人の熱狂」の渦の中に身を置くと、情緒的になり、興奮を抑えきれなくなった。バッキンガム宮殿の正面ゲートから延びる大通り「ザ・マル」を埋め尽くした人々が打ち振るイギリス国旗ユニオン・ジャックの波は壮観だった。特別な時間を共有する喜びから発せられる人々の歓声とどよめき。いつしか、自分も歴史的なイベントに立ち会っているという高揚感に浸っていた。人間は壮麗さや権威に弱い。その最大の理由は、権威がその良質な側面を見せるとき、人を惹きつけ、幸福な気分にするからではないだろうか。

群衆の中でそんなことを考えていたら、王室の存在を素直に喜べるイギリス人は幸福な国民なのかもしれない、と思えてきた。歴史と伝統を象徴する王室の存在を喜ぶことは、自らの国への誇りと自信の表出に他ならないからだ。

２０１１年4月29日のロンドン。この日、イギリス王室の王位継承順位第2位のウィリアム王子（28歳）がほぼ10年越しの恋を実らせ、ケイト（キャサリンの愛称）・ミドルトンさん（29歳）とウェストミンスター寺院で結婚式を挙げた。ハンサムなウィリアム王子と、

ロンドンのウェストミンスター寺院で挙式後、市内をパレードするウィリアム王子とキャサリン妃　写真：AFP=時事

チャーミングさの中に気品も漂わせるケイトさん。壮麗なゴシック建築の寺院での結婚式や、馬車と近衛騎兵隊による祝賀パレードなど、ロイヤル・ウェディングの進行はまさに絵本の中の世界だった。イギリス王室の動員力は、ロンドン市内の沿道に繰り出した100万人の人出に止《と》まらず、世界で24億人もの人々がその映像を見たというから、すさまじい。その現象は、イギリス王室が、衛星テレビやインターネットが世界を同時に結ぶメガコミュニケーション時代の特性を巧みに利用し、自らの価値を飛躍的に高めた現代の「錬金術」とも呼べるものだった。なぜ、そう言えるのか？白日の下、刻々と世界のお茶の間に伝えられたその魔法のプロセスを見てみよう。

ウィリアム王子とケイトさんは、スコットランドの名門セントアンドルーズ大学の同級生として知り合った。ケイトさんの母方の4代前は炭鉱労働者で、父マイケルさんと母キャロルさんはパーティグッズの通信販売会社を経営する。裕福な家庭ではあるが、階級社会のイギリスでは中流家庭である。一昔前なら、ウィリアム王子とケイトさんの関係は「禁じられた恋」だったに違いない。何しろ、庶民（非貴族階級）の女性がイギリス王室の王位継承予定者と結婚するのは実に約350年ぶりのことである。

◇　◇　◇

イギリス王室の結婚観は時代とともに変遷してきた。現在のイギリス王室は18世紀にドイツから国王に招いたハノーヴァー選帝侯ジョージ（ジョージ1世）の流れをくむ。第1次世界大戦でドイツが敵国となったため、当時のドイツ風の家名サクス＝コバーグ＝ゴータ（それ以前はハノーヴァー家）では都合が悪くなり、家名を現在のウィンザーに変えている。家名変更とともに、子孫はドイツ系の王族と結婚するという慣行も変更。ジョージ5世（エリザベス女王の祖父）は「我々の子供はイギリスの家族との結婚を許される」とした。

20世紀初めには、離婚歴のあるアメリカ人女性シンプソン夫人と結婚するために退位し、「王冠をかけた恋」として歴史に名を残すエドワード8世のケースがある。将来の王位を選ぶか、それとも真実の愛を貫くか。時代の変化が少々遅かったなら、ウィリアム王子らの恋愛の結末は必ずしもハッピーエンドではなかっただろう。

結婚式で、私が最も想像力をかき立てられたのは、ケイトさんが父親マイケルさんと腕を組みバージンロードを歩く姿だった。それは、一人の一般女性が「将来の王妃」へと羽化する過程を目の前で目撃することであり、「権威」とは何なのかということについて考えさせられたからだ。

◇　◇　◇

ウェストミンスター寺院の正門から聖壇に向かって敷かれた真っ赤な絨毯。アイボリー色のウェディングドレスに身を包んだケイトさんは父マイケルさんにリードされ、「庶民」としてこのバージンロードを歩いた。その先には、真っ赤な軍服で正装したウィリアム王子が待つ。ゆっくりと歩を進めるミドルトン父子が聖壇に辿り着いた後、マイケルさんは、結婚の誓いを司るカンタベリー大主教を介してケイトさんの手をウィリアム王子の手に引き渡した。ケイトさんの敬称が「Miss」から「Her Royal Highness（妃殿下）」へ変わり、キャサリン妃が誕生した場面である。

当たり前だが、その手が父マイケルさんからウィリアム王子に引き渡されても、ケイトさん自身は何も変わっていない。しかし、プリンセスという王室の権威を授けられたことで、ケイトさんの市場価値は急上昇し、ウィリアム王子とのロイヤル・カップルは「世界最高のブランド」へと昇華していくのである。英米アングロ・サクソン流に評価するなら、このロイヤル・カップルをＴＶコマーシャルに使えば、その商品は爆発的に売れること間違いなしという皮算用となる。

結婚式の陰の主役がキャサリン妃のウェディングドレスで、最大の話題となったことも象徴的だ。ドレスに関する情報は挙式当日までデザイナーを含めて極秘とされ、メディアや人々の関心、好奇心を一層かき立てた。白羽の矢が立ったのはイギリスの高級ブランド「アレキサンダー・マックイーン」のクリエイティブ・ディレクター、サラ・バートンさんだった。キャサリン妃の装いは、２０１０年11月の婚約発表以来、常に脚光を浴び続ける。彼女が身に着けた衣服は、テレビ画面に映し出されるや、ネット上にブランド名や価格などの情報が流れ、人気アイテムとなる。中でも、婚約発表の際に着ていた鮮やかなロイヤルブルーのドレスのブランド「イッサロンドン」は瞬く間に世界的な有名ブランドになった。彼女が身に着けることは、ファッション業界にとって「打ち出の小槌」なのである。キャサリン妃は、広告塔としての役割を積極的に引き受け、自国のブランドを身につけるよう心懸けているようだ。イギリス経済への「ケイト効果」は年間10億ポンド（約１８００億円）とも推定されている。彼女が着たウェディングドレスはその後、バッキンガム宮殿で一般公開され、その入場料などの収入は約10億円にも上り、一部は慈善活動に寄付された。こうしたエピソードは、イギリス王室それ自体が金を生む「商品」であり、「イギリス」をアピールする媒体となっていることを示す。

ちなみに、イギリス・ブランドを中心にしたキャサリン妃のファッションは、高級品とファストファッションを組み合わせる「新・上流スタイル」と呼ばれている。故ダイアナ元妃がフランスやイタリアなど外国の高級ブランドを好んでいたことを思い返すと、2人はことファッションに関しては好対照をなしている。

イギリス王室のブランド力は決して自然に備わったものではない。様々なストーリーが人々のイマジネーションを刺激し、王室へと惹きつけているのである。王室は近年、劇的な社会変化の潮流に直面し、変貌を遂げてきた。そして、その大きな転換点がダイアナ元妃のパリでの交通事故死だった。その姿は見えずとも、ウィリアム王子の成婚イベントには、ダイアナ元妃の「偉大な影」が差していた。

ダイアナのＤＮＡが変える王室

結婚式が行われたウェストミンスター寺院は、1997年9月にダイアナ元妃の国民葬が行われた場所でもあった。そして、同寺院からバッキンガム宮殿まで約2・4キロの成婚パレードのルートは、元妃の葬送ルートのほぼ逆コースを進むものだった。ウェストミンスター寺院を式場に選んだのは、ウィリアム王子である。

式から遡ること5ヵ月の2010年11月、電撃的な記者会見で婚約を発表した際、ウィリアム王子はケイトさんと並んで報道陣の前に現れ、形見として大切に保管していたダイアナ元妃の婚約指輪をケイトさんへの婚約指輪として贈ったことを公表した。その夜のイギリス民放のテレビ番組で、王子は母親の指輪をフィアンセに贈った理由を次のように説明している。「母がこの日（婚約発表）の感動と、僕とケイトがこれからの人生で分かち合う喜びを見逃さないようにする僕なりのやり方です。母が僕たちに常に寄り添っていてくれるように」と。それは、大きなサファイアの周りにダイヤモンドをあしらった指輪だった。王子は、ダイアナ元妃を自分たちの結婚プロセスの一部に組み込んでいたのである。

◇　◇　◇

結婚式の招待客を見ても、格式ばることなく、その1900人の中には新郎新婦の友人や関係者らが目立ち、中には王子がチャリティ活動で知り合った元ホームレスの女性の姿もあった。キャサリン妃側はイギリス南部バークシャー州の実家の近所の人々も招待。顔なじみの雑貨屋や肉屋、郵便配達員、パブのオーナーといったオジサン、オバサンらの姿もあって王室新時代の到来を印象付けた。王子らは、招待客からのプレゼントを辞退し、代わりにそのお金をチャリティに寄付してほしいと呼びかけていた。そこには、エイズや

ロンドン・セントポール大聖堂での挙式後、馬車でパレードをするチャールズ皇太子とダイアナ皇太子妃　写真：UPI・サン

ハンセン病患者らを支援するチャリティ活動に積極的に関与し、社会的弱者と「心を分かち合う」ことの大切さを王子に教えたダイアナ元妃の遺志が垣間見えた。

日本人を始めとする外国人は、イギリスを格式ばった融通の利かない国と捉えがちだ。そうした視点で見ると、ウィリアム王子らのスタイルは随分とそのイメージからかけ離れているように映ることだろう。筆者も同じ印象を持ち、「王室の結婚式には厳格なルールやプロトコル（手続き）があるはずだ」との思い込みから、王室の広報担当者に照会してみた。すると、「結婚式に規則はありません。会場の選択を含めどういう結婚式にするかは本人たちが決めることです。当然、一定の期待感はありますが」と拍子抜けするような答えが返ってきた。ウィリアム王子はまだ皇太子ではなく、その結婚式は国家行事ではない。しかし、筆者には、王室の結婚式のあり方は、イギリス社会の本質的な側面を象徴しているように思える。この社会を機能させている駆動装置、今風に言えば「OS（オペレーション・システム）」は、「自由」という価値観であるということである。後に詳述するが、現代世界を動かすグローバリゼーションという大きな潮流も、英米のアングロ・サクソン社会が持つ「自由」という価値観に基づいたプロジェクトである。その意味で、王室にも自由の気風があることは、合点のいくことだった。

話を元に戻そう。

結婚式には、ダイアナ元妃の友人で歌手のエルトン・ジョンさんの姿があった。彼は、マリリン・モンローに捧げた追悼曲「キャンドル・イン・ザ・ウィンド」の歌詞を書き換え、ダイアナ元妃の葬儀で演奏したが、そのCDの売り上げは3300万枚という驚くべき記録を作った。元妃の突然の交通事故死が世界に与えた「ダイアナ・ショック」の衝撃度の大きさを示す一つのエピソードだろう。元妃の葬儀以来、14年ぶりにウェストミンスター寺院を訪れたエルトン・ジョンさんは米テレビ局の有名司会者、バーバラ・ウォルターさんによるインタビューで、結婚式に出席した感慨を次のように語っている。

「葬儀の時、まだ少年だったウィリアム王子らの姿には胸が詰まった。そして、今回ウェストミンスター寺院を訪れたときに見たのは、美しい女性と教会の通路を歩く姿だった。これは、最も喜ばしい結果だよ」

結婚式に出席したエルトン・ジョンさんの存在自体が、多くの人々に追悼曲の哀愁漂うメロディーとともにダイアナ元妃のありし日の姿を想起させたことは疑いない。

◇　◇　◇

一方で、成婚パレードの沿道に繰り出した人々は別の記憶を蘇らせていた。14年前、当時15歳のウィリアム王子が2つ年下の弟ヘンリー王子とじっと悲しみをこらえながら、王室旗に包まれたダイアナ元妃の棺の後ろを歩いていた姿だ。式場のウェストミンスター寺院近くに友人と陣取った英語教師、マリア・マサイアスさん（28歳）は「ダイアナが死んだとき、私は2人の王子を見て泣いた。でも今のウィリアム王子は本当に幸せそう。ケイトさんと真のパートナー関係を築いているのでしょう」と話した。また、パレードの終着点バッキンガム宮殿近くで待ち構えた元調理師、クリスティーン・キラーさん（61歳）も「ウィリアム王子らに強い支持があるのは、彼らを見るとダイアナを思い出さずにはいられないから。幸せになってほしい」と思いを口にした。

イギリス国民はここで、ダイアナ元妃が息子たちに言い残した一つの教訓を思い出す。

彼女は１９９５年11月、ＢＢＣのＴＶ番組「パノラマ」でチャールズ皇太子の不倫を知っていたことを明かした際、次のように話した。

「私はウィリアムに言っているの。『もし、あなたが人生において愛する人を見つけたなら、その愛にこだわり、その愛を貫きなさい。そして、幸運にも、あなたを愛してくれる人に出会ったなら、その人をしっかりと守り抜いていきなさい』と」

この人生訓のシンプルさに、筆者は新鮮な感慨を覚えた。20歳という若さでチャールズ皇太子と結婚し、「現代のフェアリーテール（お伽噺《とぎばなし》）」ともてはやされながらも、その陰で、元妃は皇太子の不倫に悩み、王室の古い体質に馴染むこともできなかった。そして、自らも不倫を重ね、メディアを利用した非難中傷合戦の果ての離婚。この間、リストカットなどの自傷行為を繰り返し、過食症に陥り、どんなに華やかな脚光を浴びても決して満たされることがなかった心の空虚さ。「人生で一番大切なものは何なのか」。それは、苦悩の果てに心の底から湧き上がった自問への答えだったのだろう。

セレブの頂点を極めたダイアナ元妃でさえ、本当に手に入れたかったのは「幸せな結婚生活」だったという告白を聞けば、多くの人々が「普通」に暮らせていることに安心し、改めて幸せをかみしめるのではないだろうか。現代のイギリス人は、王室に理想の家族像を求めるとされるが、王室にはこんな機能もあるのである。ウィリアム王子が、母親の教訓に忠実に生きて自らの愛を貫き、王室の慣例を破って中流家庭出身のケイトさんとの結婚を成就させたことは、まさに、イギリス人が聞きたかったストーリーなのである。

それでは、ウィリアム王子はなぜ、母親のダイアナ元妃を自らの結婚式の一部にしたのだろう。筆者には、チャールズ皇太子の後の国王として、「ダイアナの遺志」を受け継ぎ、王室の近代化を進めていくという国民への誓約であるように思えた。ダイアナ元妃は、王妃となって自分の息子が国王になるのを見届けるという夢は果たせなかった。しかし、ダイアナ元妃の子育ての在り方、王子に引き継いだＤＮＡ（遺伝子）がイギリス王室の将来像を形作っていくことは間違いなさそうだ。すでに、ダイアナ元妃の存在感の大きさはエリザベス女王らを動かし、王室の在り方を変貌させている。

◇　◇　◇

ダイアナ元妃がパリで交通事故死した１９９７年8月31日未明は、日本では日曜日のお昼前だった。当時、私は１ヵ月後にロンドンに赴任することが決まっていて、イギリス王室関連の本も買いそろえ始めていたころで、自宅で聞いたその一報に頭の中が真っ白になったのを覚えている。

そのころ、イギリス王室と言えば、パパラッチという追っ掛けカメラマンにつきまとわれるダイアナ元妃、チャールズ皇太子とカミラ・パーカー・ボールズさんの愛人関係など、まさにメロドラマの世界だった。日本のテレビで言うとワイドショーネタだった。加えて、個人的には王室という非民主主義的な存在を取材対象として有り難がることに抵抗感があった。とは言っても、日本ではイギリス王室関連のニュースは、国際報道において注目度が格段に高い。赴任前の筆者は、自らの価値観と読者ニーズのギャップの大きさを思い、このギャップをいかに埋めていこうかと思いを巡らせていた。

しかし、取材テーマとしてのイギリス王室は「メロドラマの世界」から限りなく奥行きの深い「国家統治の問題」へと転換していく。筆者にとって、イギリス王室について考えることは、国家とは何かという疑問に始まり、「幸福な社会とは何か」「幸福とは何か」という人間存在のテーマにつながっていった。

その起点となったのが、ダイアナ元妃の交通事故死だった。

元妃と恋人のエジプト系イギリス人の大富豪ドディ・アルファイド氏が乗ったメルセデスベンツのハイヤーは、パパラッチの追跡を受けた末にパリ市内のセーヌ川沿いのトンネル内で側壁に激突して大破した。事故直後、元妃はまだ生きていた。周囲には9人ものパパラッチが居合わせたが、誰も彼女を助けようとはせず、瀕死の元妃の写真を撮り続けた。彼女は死に瀕し、「リーブ・ミー・アローン（放っておいて）」と呻いていたという。この事故で、元妃とアルファイド氏は死亡。事故をめぐっては、将来の国王の母親であるダ

1997年8月31日　事故で死亡したダイアナ元妃が乗っていた黒いメルセデスベンツの撤去作業に当たるパリ警察　写真：ロイター

イアナ元妃とイスラム教徒のアルファイド氏の結婚を阻止することを図った情報機関による暗殺だという説も流れた。しかし、ロンドン警視庁などの調査で、こうした陰謀説は否定されている。事実として立証されているのは、パパラッチの追跡を振りほどこうとした運転手が時速約１６０キロの猛スピードで走行し、トンネル直前の合流路から進入してきた白色のフィアット・ウーノと接触し、トンネル内の側壁に激突したという事実だけである。

彼女の死に対し、イギリス国民は集団ヒステリー的な状態になった。この現象は「ダイアナ・ショック」と呼ばれ、すべての点において桁外れのスケールだった。男女、老若の区別なく、元妃の死を悲しむ人々は人前を憚らずに号泣し、見知らぬ者同士が抱き合って悲しみを分かち合い、セントジェームズ宮殿に設けられた記帳所には数時間待ちの列ができた。人々が手向けたバラなどの花束で元妃の住居ケンジントン宮殿周辺は埋め尽くされ、その数は実に１４０万本とも言われた。ロンドンは、異様な空間と化していた。

こうした国民の反応と対照的だったのが、エリザベス女王の対応だった。事故当時、女王は夏の居城であるスコットランドのバルモラル城に、夫のフィリップ殿下やウィリアム、ヘンリー両王子らとともに滞在中で、当初、ロンドンに戻る意思も、哀悼を示す意思も見せなかった。離婚後、奔放な生活を送ったダイアナ元妃は、王室から見れば慣習破りの「ブラック・シープ（嫌われ者）」であり、女王が元妃を快く思っていなかったことは間違いない。イギリス王室には、儀礼を重んじ、感情を表に出さないことが美徳とい

ダイアナ元妃の突然の事故死から一夜明けた1997年9月1日、花で埋まったバッキンガム宮殿の門前で泣き崩れるカップル
写真：ロイター

う伝統もある。一昔前のイギリス人気質に通じるものだが、時代は大きく変わり、若者を中心に国民はよりストレートに感情を示すようになっていた。そこに、王室関係者は気づいていなかった。

国民の悲しみは時を移さず、冷淡な王室への怒りへと転化する。その怒りは、庶民感情を巧みに言語化する大衆紙の大見出しとなってさらに勢いを増す。

「我々の女王はどこにいるのか。国旗はどこにあるのか」（保守系サン紙、9月4日付）

「女王、発言して下さい」（左派系ミラー紙、9月4日付）

ロンドンには地方からも大型バスなどで続々と人が集まり、バッキンガム宮殿周辺は群衆であふれた。このときのムードを「革命前夜に近い雰囲気」と形容する声さえあった。女王とその側近は、国民の反発の大きさを完全に見誤っていた。

その状況を理解するには、王室と国民の関係を過去に遡り、文脈の中に位置づける必要がある。というのも、ダイアナ元妃事故死は、イギリス王室のイメージが悪化する長期的な流れの中で起きたからだ。中でも、エリザベス女王が戴冠40年の記念スピーチでラテン語を使い、「アンヌス・ホリビリス（ひどい年）」と語った1992年はすさまじい年だった。

女王には4人の子どもがいるが、この年の3月に次男アンドリュー王子が夫人と別居

（1996年に離婚）、4月に一人娘のアン王女が離婚。6月にはダイアナ妃がチャールズ皇太子との不仲を暴露した『ダイアナ妃の真実』が出版され、11月の戴冠40年記念スピーチの4日前には、女王らが週末を過ごすロンドン郊外のウィンザー城が火事になり、12月にはダイアナ妃とチャールズ皇太子がついに別居を発表（1996年に離婚）、という次第だ。

4人の子どものうち3人までもが離婚するという事態は、キリスト教プロテスタント系宗派イギリス国教会の最高権威も兼ねる女王にとって手痛いボディーブローだ。女王は即位前の1949年の演説で「離婚と別居は今日のイギリス社会の最もたちの悪い問題の原因となっている」と女性たちを前に訴えている。自らの子どもたちが、その家族の価値観に背いたことは、イギリス王室の権威を傷つけた。

また、ウィンザー城の修復費を税金で賄うことになったことへの反発は強く、王室費のあり方をめぐる一大論争も巻き起こった。イギリス人はお金、特に税金の使われ方にうるさい。王室に関しても、問題が起きると必ずその経費問題が頭をもたげてくるのである。

ダイアナ元妃は、チャールズ皇太子との別居後、自らを王室に対抗する「非公式な王室」と呼んでいた。ダイアナ元妃の離婚の直接的な原因が、チャールズ皇太子とカミラ夫人の不倫だったことも王室への国民の不満を高めた。元妃は、「ダイアナvs.王室」の構図において国民とメディアの多くを味方につけていた。その流れの中で、国民の王室への反発がクライマックスへと向かうのが、ダイアナ元妃事故死への女王らの対応だったのである。事故後の一部世論調査では、王室の支持率は30％台まで落ちた。王室はまさに「存亡の危機」に陥っていた。

元妃は離婚後、「妃殿下（Her Royal Highness）」の称号を剝奪されている。エリザベス女王は、王室から除名したダイアナ元妃の死に対し、声明を出す気はなく、葬儀もプライベートなものにすべきだとの考えだったという。王室と国民の溝はますます深まっていくかに見えた。ここで乗り出したのが、時の首相トニー・ブレアである。ブレア氏は、状況を的確に読み、それを言葉に変えるレトリックの巧みさにおいて天才的な政治家だった。

イギリス王室の「危機」を救ったトニー・ブレア首相
写真：サン・テレフォト

ブレア首相は、イングランド北部セッジフィールドの地元選挙区からテレビ中継で国民向けメッセージを発表し、ダイアナ元妃を「人々のプリンセス（ピープルズ・プリンセス）」と呼び、イギリス社会のムードを的確に捉えた。

「イギリス国民は今、大きな衝撃を受けている……我々は今後、彼女を何度も違った姿で思い出すだろう。病人、死を迎えようとしている人、子どもたち、貧しい人々とともにある姿だ。彼女には、思いやりと人間愛の深さがあった……イギリスのみならず世界中の人々が彼女に好感を持ち、愛した。そして、人々は彼女のことを自分たちと同じ一人の人間として見た。彼女は人々のプリンセスであったし、我々の記憶の中で永久にそうあり続けるだろう」

ブレア首相が「人々のプリンセス」と呼んだのは、元妃が離婚前から、自分の将来について「人々の心の中の王妃」でありたいと語っていたことに由来するものだ。

ダイアナ元妃の「人々のプリンセス」的イメージは、チャリティ活動で弱者に寄り添った姿から形作られたものだが、彼女は決して聖人だったわけではない。元妃は逆に、メディアをうまく利用して、自分のイメージを作り上げ、「チャールズは国王になれない」「王室は冷たい」という情報戦を仕掛けてもいた。突き放した見方をすれば、ダイアナ元妃と王室の争いは、「メディア・ウォー」だった。哀しくも、元妃は自らの命を賭すことで、その戦いに完全な勝利を収めたのである。

ブレア首相のテレビ声明は国民の強い共感を呼び、首相の支持率はその直後、90％を超える驚異的な数字を叩き出す。ブレア首相は、渋るエリザベス女王に対し、ロンドンへ戻り、バッキンガム宮殿に半旗を掲げることなどを促し、女王をより国民感情に近づける

「介入」を行った。こうした行動が王室の姿勢転換につながっていったことから、ブレア首相をエリザベス女王とイギリス王室を存亡の危機から救った「救世主」と呼ぶ評価もある。

エリザベス女王は、ブレア首相の助言と世論の奔流に背中を押される形で事故から5日後の9月5日にロンドンに戻った。女王は、ロンドンの各所を埋め尽くしたバラの花束の光景に驚き、ようやくダイアナ元妃の死がイギリス国民に与えた衝撃の大きさを悟ったとされる。そして、テレビで声明を発表し、「彼女の生涯とその死に対する感動的な反応から汲むべき教訓がある」と述べ、「イギリスが悲しみと哀悼で一つに団結していることを全世界に示しましょう」と呼びかけた。

エリザベス女王は、史上初めてバッキンガム宮殿に王室旗を半旗で掲げることを受け入れた。慣例では、王室旗は国王がバッキンガム宮殿に滞在していることを示すシグナルであり、国王滞在中にだけ掲揚されてきた。女王はまた、葬送の沿道に自ら立ち、元妃の棺が通過する際、軽く頭を下げて敬意を示した。

エリザベス女王は目覚めたのだろう。ここからの再生に向けた姿勢転換は鮮やかだった。それは「開かれた王室」への努力であり、より具体的に言うなら、王室の国民へのアプローチの一大転換だった。イギリス王室が生存本能として持つ「変わらずに生き残るた

1997年9月6日、ウェストミンスター寺院でのダイアナ元妃の葬儀を終えた直後のエリザベス女王（右から２番目）と皇太后（左端）
写真：ロイター=共同

めには、自ら変わらなければならない」というモットーが、この危機でも生かされるのである。

◇　◇　◇

国民に王室の大きな変化を感じさせたのが、ダイアナ事故死から3ヵ月後の1997年11月のエリザベス女王成婚50年を祝うイベントだった。女王は、地方の昼食会で一般市民とテーブルをともにし、こう挨拶した。

「君主制に選挙はありませんが、私たちは国民の声を正しく読み取らねばなりません」

王室は、その存在を半永久的に保証されているわけではない。王室ジャーナリストのロバート・ジョブソン氏は「王室は国民の支持が全てだ。立憲君主制とは、国民がその廃止を求めれば、国王は退位しなければならないシステムだ」と説明する。王室廃止の立場を取るエコノミスト誌は１９９７年9月の社説で、「王室は、民主主義や自由、生来の権利より努力の結果に報いるという我々が支持する価値観と正反対のものだ。君主制という観念はすでに時代遅れである。それでも、我々の民主主義というシステムの下では、国民が王室の存続を望むなら、それに従うしかない」と主張している。女王がダイアナ事故死から改めて学んだ教訓は、王室の存続は国民の支持にかかっているという、イギリス立憲君主制の明快な原理だったのである。

女王は以来、大衆居酒屋パブを訪れてビールを飲んでみせたり（イギリスではビールは労働者の飲み物との位置づけ）、年間維持費１２００万ポンド（約22億円）という王室専用船「ブリタニア号」の廃船を受け入れるなど、王室の近代化や経費削減に努めてきた。地方巡回に力を入れ、フェイスブックやツイッター、ユーチューブなどのソーシャルメディアを積極的に活用して情報を発信し、「国民に寄り添う王室」をアピールするようにもなった。

こうした努力を経て、イギリス王室がその復活を内外に強く印象づけたのが、２００２年6月のエリザベス女王の即位50年祝賀行事（ゴールデン・ジュビリー）だった。

当時、メディアでは一連のイベントが盛り上がりを欠いていると報じられ、その要因を「ダイアナ・ショック」の後遺症に求める論調もあった。しかし、6月4日、メインイベントとして繰り広げられたパレードには約100万人もの人々が繰り出し、女王を祝福した。歓喜で歌われる国歌「ゴッド・セーブ・ザ・クイーン」の大合唱と揺れるユニオン・ジャックの波。王室は、ダイアナ事故死後の5年間、国民の王室への視線を気にしてきたが、その不安が一気に解消した瞬間だった。エリザベス女王は、国民の強い支持に感動し、この日身につけていたオレンジ色の帽子を、自ら大切に保管しているという。

王室ジャーナリストのロバート・ハードマン氏は「ダイアナの死から女王即位50年までの5年間の王室の変化は緩やかだったが、重要な変化だった。王室は新たな考え方にオープンになり、国民と関わるアプローチが変わった」と評価する。イギリス王室はダイアナ危機を克服し、以降、各種世論調査で国民の7割以上から王室存続への支持を得て、安定期に入っていくのである。

ファイネスト・アワー（歴史への誇り）

エリザベス女王の即位50年を祝うゴールデン・ジュビリーから9年。ウィリアム王子の結婚の日に再び話を戻す。

ウェストミンスター寺院を出発した成婚パレードの終着点は、バッキンガム宮殿である。宮殿正門前には、大英帝国がそのピークを迎えた19世紀後半に君臨したビクトリア女王（1819〜1901年）の大理石像を中心にしたロータリー状の広場がある。王室を取り巻く壮麗な建築物や儀式は、大英帝国の「栄光の歴史」を現代につなぎとめるものだ。

宮殿に向かって右側には、TV中継用に上下2段、計16のボックス型ブースが臨時に設置されるという大々的な報道態勢だった。日本のテレビ局は前月に発生した東日本大震災の影響で自粛ムードにあり、ロイヤル・ウェディングの報道に最も熱心だったのはアメリカのテレビ局だった。

アメリカの3大ネットやCNN、FOXテレビなどは、花形キャスターを送り込み生中継で特番を組んでいた。英米関係については後に詳述するが、かつての支配者と被支配者という歴史の恩讐を越えて、現代のアメリカ人には歴史と伝統のイギリスへのある種の憧憬のようなものがある。近年のイギリス王室を題材にした映画「クィーン」（2006年）や「キングズ・スピーチ」（2010年）がアメリカでヒットし、それぞれアカデミー賞に輝いていることは、その事情を物語るものだろう。

アメリカがハリウッド映画「スター・ウォーズ」に代表されるように、未来を先取りするSF（サイエンス・フィクション）の国だとするなら、イギリスはさしずめ「ハリー・ポッター」に代表されるような、郷愁を誘うファンタジー（空想）の国である。アメリカ人にとって、ロイヤル・ウェディングはまさにファンタジーの世界であり、異次元の空間だろう。ある米テレビ局は、このロイヤル・ウェディングの報道で、「プリンセスの生活とはどんなものか」と、わざわざディズニーランドに行って白雪姫やシンデレラにインタビューするというはしゃぎぶりだったという。悪乗りではあろうが、イギリス王室の儀式はアメリカ人の想像力をかくもかき立てるのである。

バッキンガム宮殿前の大通り「ザ・マル」。ここを進むウィリアム王子とキャサリン妃を乗せたオープン馬車はまさに、シンデレラに登場する馬車を想起させた。ベアスキンの黒い帽子を被った近衛兵が乗る馬を前後に従えた姿も、童話の世界から抜け出したようだ。非日常の演出こそが、王室の魅力の源泉であることは疑いない。人間には生来、深層心理の部分でこうした壮麗さに魅かれるところがある。イギリス王室が現在も壮麗な行事や儀式を維持する理由は、その神秘性で民衆を惹きつけることにより、求心力を保つためである。このマインド・コントロールの手法は、共産主義のソ連や中国が巨大なモニュメントや建物を作り、その威厳によって人々を統治しようとしてきたことにも通じるものではないだろうか。

◇　◇　◇

その壮麗なパレードが宮殿に吸い込まれた後、大通りは規制が解除され、瞬く間に沿道の群衆であふれた。人々が手にするのはユニオン・ジャックの小旗。意外だったのは、黒人やアジア系など非白人の姿が目立ったことだ。イギリスの民族的少数派には王室支持者が多い。その理由は、イギリス国民であることを認識させてくれる存在だからだ。移民国家イギリスの「国民」の定義は、「国王の下に集う人々」というオープン・アイデンティティである。反移民を唱える政治勢力が増長しても、政治を超越した国王が少数派国民のアイデンティティの防波堤になっているのである。

新郎新婦がエリザベス女王夫妻やチャールズ皇太子夫妻らとともにバルコニーに登場すると、大歓声が上がった。列の中央に立って群衆に手を振る赤い軍服姿のウィリアム王子とウェディングドレス姿のキャサリン妃。期せずして、群衆からは「キスして見せてよ」のコールが湧き上がった。

歓声に押されてキスした2人だが、ウィリアム王子が照れて形ばかりのキスになり、群衆からはすかさず「そんな義務的なキスじゃだめ」「もう一度」のコールが湧き上がった。2人が2度目のキスを交わすと、大きな歓声とともに群衆の

挙式後、バッキンガム宮殿のバルコニーで手を振るウィリアム王子夫妻ら　写真：著者撮影

ユニオン・ジャックは一際大きく波打った。
この間、2人はこんな会話を交わしていたという。読者の野次馬的な好奇心に常に応えようとするイギリス大衆紙などが読唇術を駆使して〝解読〟し、報じたものである。
キャサリン妃　(最初のキスの後)「今度はなんなの?」
ウィリアム王子「もう一度キスしてって言ってるんだと思うよ」
ウィリアム王子「もう一度キスしよう。ほら。もう一度」
キャサリン妃　(2度目のキス後)「これで終わり。もう、しない」
こんな他愛もないシーンを一目見ようと、またその時間と空間を共有しようと、100万人もの人々が繰り出す。この現実をどう受け止めるかは、人々の「心の在り方」の問題なのだろう。
その直後、バッキンガム宮殿の上空を巨大な迷彩色のランカスター爆撃機が2機のスピットファイアー戦闘機を従えて低空飛行で過ぎていった。「フライパースト」と呼ばれるこの祝賀飛行は、主要な王室行事に欠かせない儀式となっている。宮殿のバルコニーでは、ウィリアム王子夫妻やエリザベス女王らがその雄姿を笑顔で見上げる。軍用機の残す爆音と群衆の大歓声が一つになったとき、イギリスの「過去」と「現在」と「未来」が一つの坩堝《るつぼ》へと溶け込んでいくように感じた。その模様を眺めながら、この瞬間こそ、イギリス人が祖国の歴史に誇りを覚え、国民としてのアイデンティティ、この国に生きる喜びを再確認する機会なのだろう、と思わずにはいられなかった。

ジャーナリストのジョナサン・フリードランド氏は「これがイギリス人の愛国心の示し方だ。我々はアメリカ人のように自分たちの国を〝偉大な国〟だと言ったりはしない。ナショナル・デーもない。我々は、自分たちではなく、一つの家族（王家）を称賛することで自らの思いを発露している。王室は、イギリス人にとって祖国の過去との永続的なつながり、将来の可能性を感じさせるものだ」（ガーディアン紙）と説明する。

スピットファイアー戦闘機は、第2次大戦の対独戦「バトル・オブ・ブリテン」で大活躍したことから、救国戦闘機として知られる。というより、イギリスを救い、世界を救った戦闘機である。少々、大げさだが、少なくともイギリス人はそう記憶している。イギリスの歴史に苛酷な植民地支配や黒人奴隷貿易など多くの汚点はあっても、バトル・オブ・ブリテンの響きは、イギリス人に、祖国を世界の「善」として想起させる。

ナチス・ドイツは、大戦中の1940年7月、イギリス本土上陸作戦を開始し、大々的に航空戦を仕掛けた。ドイツの空爆は、一度の作戦で戦闘機300〜400機が編隊を組むこともあったという猛烈さだった。これを受けたイギリス空軍は祖国防衛のため、イギリス本土とドーバー海峡周辺で激烈な航空戦を展開した。圧倒的な劣勢に立たされていたイギリスは、ロンドン大空襲という衝撃の事態に国民が奮い立ち、国家総動員でドイツへ立ち向かう。そして、その求心力、結集点となったのが王室だった。

バッキンガム宮殿も何度も空襲を受け、政府は王女姉妹のカナダへの疎開を勧めた。これに対し、当時の王妃エリザベス（エリザベス現女王の母親）は、こう語っている。

「私の子どもたちは私のもとを離れません。また、私は国王のもとを離れません。そして国王はロンドンを離れません」

簡潔明瞭な言葉が、その意志の強さを逆に際立たせ、その後の語り草となっている一言だ。エリザベス皇太后は、エリザベス女王の即位50年に当たる2002年3月、101歳で大往生した。大衆紙サンは皇太后の死を受け、社説でこう書いた。

「皇太后を持てた我々（イギリス人）は幸せだった」

スピットファイアー戦闘機は、ヒトラーのイギリス上陸作戦継続への意志をくじいた。破竹の快進撃を続けていたドイツのこの敗北は、第2次大戦の転機となり、連合国の反転攻勢へとつながる。この戦闘が行われた1940年当時、ナチス・ドイツに立ち向かっていた国は世界でイギリスだけだった。イギリス人にとって、この事実が愛国心をくすぐる大きな要素になっていることは多言を要しないだろう。

そして、忘れてはならないのが戦争指導で英雄となった首相チャーチルの存在である。

彼は、バトル・オブ・ブリテンがまさに始まろうとしていた1940年6月18日、議会下院で歴史に残る名演説を行っている。

「この一戦にかかるのは、キリスト教文明の存続であり、イギリス人の生活と社会制度、大英帝国の永続である……我々がヒトラーに立ち向かうなら、ヨーロッパ全土が解放され、世界は陽の当たる高台へ向かって前進するだろう。もし我々が敗れるなら、世界全体が新たな暗黒時代に沈むだろう……我々の義務をしっかりと見つめよう。そして、思い描こうではないか。大英帝国が1000年の長きにわたって続いたとしても、人々は〝いまこそが、彼ら（イギリス人）にとって最良の時だった〟と振り返ることを」

歴史を長い時間軸でみたとき、それぞれの民族にはその最良のエッセンスが凝縮したような瞬間があるのかもしれない。エリザベス王妃の威厳に満ちた姿勢や、対独戦の大義を人類史的なスケールで鼓舞したチャーチルの雄弁により、国民は総力を挙げてナチス・ドイツに立ち向かい、ヨーロッパと世界を救った。イギリスは第2次大戦で財政的に逼迫し、大英帝国は終焉へと向かう。イギリスはその帝国を犠牲にして世界を救った。この自画像こそが、イギリス人が記憶に刻む第2次世界大戦である。だから、イギリス人にとっての「最良の時（ファイネスト・アワー）」となるのである。

フライパーストは、イギリス人に祖国の歴史と栄光、誇りを思い起こさせる装置と言え

1996年12月25日、国民に向けたクリスマス・メッセージを収録中のエリザベス女王　写真：ロイター

るだろう。ジャーナリストのドミニク・サンドブルック氏は「王室は、このグローバリゼーションの時代に全く恥じることなく英国らしさを保ち続けている唯一の組織だ。王室は、我々の愛国心の至高の焦点となっている」（ガーディアン紙）と指摘する。

国民の大多数がストレートに愛国心を発露できる国は、幸せなのかもしれない。「幸福な国」とは何だろうと考えたとき、その必要条件の一つは、国民が誇りを持って共有できるストーリーが存在することであるように思える。

◇　◇　◇

階級社会のイギリスでは近年、努力次第で階級を越えて経済的に豊かになれることを意味する「ソーシャル・モビリティ（社会流動性）」の低下が指摘され、社会の在り方への疑問も膨らんでいる。生まれですべてが決まる王室制度は、永久に世襲批判から逃れられない。こうした中、中流階級出身のキャサリン妃が将来の王妃予定者となったことは、王室にモダンな側面を与え、階級を乗り越えたモデルとして世論にアピールする。

ウィリアム王子とキャサリン妃のロイヤル・カップルは、イギリスの「将来への希望」を象徴すると受け止められているのである。

コラム❶

日本人の新しモノ好き

日本人は本当に「新しい」ということが好きなのだと思う。例えば、政党である。「みんなの党」や「日本未来の党」、「たちあがれ日本」など、次々と誕生しては瞬く間に消えていく。それでも懲りずに（良く言えば、諦めることなく）、新党はつくられる。「日本維新の会」にいたっては、英語名を「Japan Restoration Party」としたことで、外国人には理解困難となる。なぜなら、Restorationは通常、王政復古を連想させるため、何を目指しているのか想像力を刺激したのである。

繰り返される新党ブーム。「古い」政治家が政党の装いを新たにすることで「過去」を水に流し、「救世の主」となれるのか、と疑問を覚えざるを得ない。しかし、当人たちは真剣なのだから、それは時にドン・キホーテ的だ。政界再編含みという意味は理解できるが、「新党」というラベルとその過剰なニュースの扱い方が期待感のバブルを膨らませ、そして例外なく萎《しぼ》んでいく。このことが、どれだけ、有権者の政治への疑心、政治離れを増幅させていることだろう。当の政治家らは気に留める風もないが。

日本の場合、新しいものを好む傾向は政党に限ったことではない。自動車や住宅などは一旦誰かが使えば「中古」となって、その価値は著しく落ちてしまう。この現象は国民性の一端を示していると言えないだろうか。そんなことをつい考えてしまうのは、日本と好対照にあるイギリスの事情に触れたからである。

イギリスのスーパーマーケットに行くと、商品棚に並ぶ品物が「十年一日」のごとく変化に乏しいことに気づく。近年は事情が変わりつつあると言っても、めまぐるしいほどの変化や多様化はない。子どものお菓子など、おばあちゃん、母親の世代から同じものを食べているのではないかと疑いたくなるほどである。

ある中年のイギリス人男性は、世界的に有名なチョコレート菓子「キットカット」について、「子どもの頃は大きいか小さいかサイズの違いしかなかった」と話してくれた。キットカットはイギリスの菓子メーカーが生んだ国際的なヒット商品だが、現在はスイスに本社を置く多国籍企業ネスレの傘下に入っている。

一方の日本はどうか。日本人の新しモノ好き、すぐに目移りする性格を象徴する典型的な例の一つが、ビール事情ではないだろうか。春夏秋冬のサイクルで新製品が登場し、消費欲を刺激する。ビールの味がそんなに大きく違うとは思えないのだが、目先を変えられると、つい「新しさ」に期待を持ってしまう。そして、ビール代金の相当部分が売らんがための広告費だと聞くと、途方もない消費のサイクルに慣れてしまったものだと思う。その挙げ句に、ビールの消費量は近年どんどん落ち込んでいるのだという。その理由は多々あるとしても、ビジネスモデルの自業自得としか思えない。

キットカットに至っては、さらに凄まじい。多くの観光地などで土産用に地域限定商品が発売され、発音が「きっと勝つ」に似ていることから合格祈願バージョンまで売り出され、これも大ヒット。イギリス人から見たら、びっくりするような日本人のアイデアと商魂だろう。

日本人の新しモノ好きは、逆に言うと、古いモノには価値を見出さないということだろう。一方、アンティーク好きのイギリス人には、「古い」「新しい」という基準はあまり意味をなさず、価値があるのかないのか、自分で評価する傾向が強いように思う。日本にも、温故知新という知恵があるはずなのだが。

第２章

柔らかい立憲君主制

イギリスの国会議事堂・ウェストミンスター宮殿。時計塔は「ビッグベン」の愛称で知られる
写真：著者撮影

政権交代というドラマ

小雨が止んで雲の合間から夕陽が輝き始めた。バッキンガム宮殿の上空に鮮やかな虹がかかる。2010年5月11日。5日前に行われた総選挙の後、次期政権の樹立をめぐってイギリス政界は混乱し、「憲政の危機」が叫ばれた。虹が出たのは、波乱に満ちた連立交渉の末、デービッド・キャメロン氏が率いる保守党とニック・クレッグ党首の自由民主党による連立政権発足がほぼ固まったタイミングだった。保守党と労働党による2大政党制のイギリスにおいて連立政権が誕生するのは戦後初めてだ。この日の虹は、イギリスの政治に新たな時代が到来したことを告げるかのようだった。

イギリスで政権交代が起きたのは戦後65年間で8回目。単純計算すれば、政権を取った政党は平均8年間その座を維持するという安定感がある。さらに詳細に見ると、イギリスの政権与党にはその政治システムからくる「寿命」があることも分かる。

政治主導のイギリスでは、多数の議員が「ミニスター」として政権入りする。イギリスの政府各省の基本構造は、閣僚の下に4人前後の閣外相（各政策分野を担当）と2人前後の政務官（閣僚の補佐役）を配置する。ミニスターとは閣僚と閣外相、政務官の3役全てを意味する呼称であり、選挙で敗北したブラウン労働党政権ではその数が110人前後にも上った。同党の解散時の議員数は３４５人で、所属議員の３分の１が常時政権入りしていた計算だ。労働党は13年間政権を維持し、この間に内閣改造を重ねたことを考慮すれば、人材と構想力が枯渇したことは容易に想像できるだろう。政権与党が「金属疲労」を起こした状態と言えば、より分かりやすいかもしれない。

フィナンシャル・タイムズ紙は「13年が経ち、労働党は活性化のために休息が必要だ」と指摘した。労働党はいったん下野し、次の政権交代に向けて知識を蓄えアイデアを練る時期を迎えていたのである。２大政党制の要諦とは、下野した政党がその経験から教訓を引き出し、党再建に向けた激しい内部論争を経て次の政権構想を整えていくというプロセスにある。こうした野党の姿勢への信頼感があって初めて成り立つシステムなのである。

トニー・ブレアとゴードン・ブラウンの両首相が率いた労働党は１９９７年から総選挙に３連勝した。同党の約１００年の歴史において初の偉業だったが、その寿命は尽きるべくして尽きたのである。

下院定数６５０の選挙結果は、保守党３０７議席（得票率36％）、労働党２５８議席（同29％）、自由民主党57議席（同23％）と続いた。イギリス総選挙で、過半数を制する政党が出ない「ハングパーラメント（宙ぶらりん議会）」となったのは１９７４年以来、実に36年ぶりだった。この選挙結果で注目すべきは、２大政党である保守党と労働党の得票率を合わせても65％にしか達していない点だ。両党の合算得票率は、1951年総選挙の96％から漸次減少してきたが、過去最低をさらに更新する結果だった。また、労働党と自由民主党の得票率の差はわずか6ポイントしかないのに、議席数では4倍強の差が出てもいる。完全小選挙区制に基づく2大政党制がもはや民意を吸収できなくなっていることを如実に示す結果だった。

階級社会を引きずるイギリスでは、政党が拠って立つ基盤が明確だ。保守党は中・上流階級を基盤とし、労働党は労働者階級を主な票田としてきた。両党とも有権者の3割前後の固定支持層があるとされ、この確固とした基盤が両党による政権交代を可能とし、安定した2大政党制の維持を担保してきたのである。

第3党の自由民主党は1920年代、労働党に2大政党の一角を取って代わられる前の自由党（ホイッグ）の流れをくむ政党だが、再編を経て今や労働党以上に左派色が強く、リベラルな社会層を基盤にする。党派色だけを見れば、中道左派の労働党と自由民主党が連立を組むのが自然だった。しかし、キングメーカーとなった自由民主党は、イデオロギー的に対立する中道右派・保守党との連立を選んだ。自由民主党には、選挙で「敗北」した労働党が政権を維持することは民意を裏切るものだという、判断があった。

イデオロギーを越えた連立政権が誕生した背景では、金融立国のイギリスにおいて選挙後の政治が混乱すれば、市場がどう反応するか分からないという、経済最優先の発想があったことも見逃せない。

総選挙当時、イギリスはリーマン・ショック後の国際金融危機、ギリシャの国家破綻が懸念された欧州債務危機などの影響を受け、不況に見舞われていた。加えて、国内総生産（GDP）比12％に及ぶ巨額財政赤字という爆弾を抱え、選挙結果次第では、国債や通貨ポンドが暴落する可能性があったのである。

自由民主党のクレッグ党首は選挙期間中に「市場の懸念を極めて真剣に受け止めている」と発言し、政権樹立に当たっては「党益」より「国益」を優先する姿勢を示していた。

グローバル経済の下、国境を自由に行き交う国際金融資本が各国の政治に与える影響には目を見張るものがある。欧州債務危機の際、当時のサルコジ・フランス大統領は「もし、フランスが（最高格付けの）トリプルAを失えば、私（の政治生命）はおしまいだ」と側近に漏らしたとされる。その約3ヵ月後、フランスの信用格付けは実際に引き下げられ、サルコジ氏は2012年春の大統領選で敗れることになる。ニーアル・ファーガソン米ハーバード大教授の著書『The Acent of Money』の中に、現代の政治に対して市場が持つ影響力の大きさが象徴的に語られている。クリントン元米大統領の選挙参謀を務めたジェームズ・カービル氏の次の発言である。

「生まれ変われるなら債権市場になりたいものだ。誰をも脅すことができるからね」

◇　◇　◇

難航した連立交渉が急展開したのは投開票日から5日目の5月11日午後7時20分だった。官庁街ホワイトホールにある首相官邸兼公邸「ダウニング街10番地」。自由民主党との連立工作に失敗したブラウン首相が疲れ切った表情で報道陣の前に姿を現し、エリザベス女王に辞任を申し出るためバッキンガム宮殿に向かうことを告げた。

「この国を公正で寛容、豊かな国にするために働くことができた。……私は人生で2番目に大事な職（首相）を離れる。そして最も大事な仕事である夫と父親に戻る。ありがとう。さようなら」

敗北宣言をしたブラウン首相は、もう官邸には戻れない。イギリスの政権交代では通常、投開票日の翌日に首相官邸の主が入れ替わる。今回は連立交渉に時間を要したが、政権交代の移行期間がないという点は同じだった。

ブラウン首相は家族とともに官邸から公用車ジャガーに乗ってバッキンガム宮殿に向かった。ブラウン氏はこの時点ではまだ首相であり、公用車は警察に先導され、信号で止まることはなかった。

バッキンガム宮殿に到着したブラウン首相は、女王の側近にエスコートされ、中庭に面

ゴードン・ブラウン首相
写真：サン・テレフォト

した「キングズ・ドア」という入り口から、女王との謁見に向かう。立憲君主制のイギリスでは、首相を正式に任命するのも、辞任を承認するのも国王である。そして、この儀式を行うために首相たちが必ず通らなければならないのがキングズ・ドアであり、それは首相という権力の座への登竜門なのである。

エリザベス女王との謁見を終えたブラウン氏が再びキングズ・ドアから姿を現したのは午後7時43分。彼は、報道陣に笑顔を作ろうとするが、その表情はぎこちなかった。ブラウン氏はもう首相ではない。宮殿広報がリリースした報道声明にはこうある。

「ゴードン・ブラウン氏は今夕、女王と謁見し、首相職の辞任を申し出た。女王陛下はこれを承認した」

首相の座を追われたブラウン氏は、公用車ではないフォードに乗り換え、宮殿を後にする。その車からは早くも警察の先導が消え、「一般人」として赤信号の度に交差点での停車を繰り返していた。

その様子は、上空の報道ヘリから生中継で茶の間に伝えられる。そこに映し出されたのは、首相という地位に与えられた期限付き政治権力のはかなさ、権力を失った人間の悲哀を浮き彫りにするヒューマン・ドラマだった。

ブラウン氏の辞任を受け、新首相任命の手続きが始まる。女王の秘書がキャメロン保守党党首に電話を入れ、バッキンガム宮殿へ招請。キャメロン氏は待機していた国会から宮殿に向かうが、この時点ではまだ首相ではないため、彼の車に警察の先導はない。夕方の通勤ラッシュの渋滞に巻き込まれたキャメロン氏の車は当然、赤信号の度に停止する。その車がようやく宮殿に到着したのは午後8時10分だった。ブラウン辞任からの約30分間、イギリスには首相が存在しなかったことになる。この間に国家的な突発事態が発生した場合は、国王が国家指導のイニシアチブを取ることになるという。

キャメロン氏はエリザベス女王との謁見で、女王から組閣の要請を受ける。通常なら、「かしこまりました。女王陛下」と答えるらしい。

午後8時35分。キャメロン氏がキングズ・ドアから姿を見せ、夫人のサマンサさんと公用車ジャガーに乗り、警察の先導でバッキンガム宮殿を後にした。王室広報は、次の報道声明を出した。

「女王は今夕、デービッド・キャメロン氏を引見し、新政権を発足させるよう要請した。デービッド・キャメロン氏はこの要請を受け入れた。首相任命に際し、彼は（女王の）両手にキスした」。
この「女王の両手にキスする」ことをもって、イギリスの新首相は正式に誕生する。日本のように国会での投票、首相指名はない。議会手続き的には、選挙の投開票日から10日前後を目処《めど》に召集される初議会で、国王が代読する新政権の施政方針演説に対する信任投票が承認の場となる。

しかし、首相任命時の「女王の両手へのキス」という儀式はもう行われていないようだ。女王の首相への謁見は非公開であり、何が行われているのかは明らかではない。キャメロン新政権誕生を報じていたＢＢＣの特別番組で、解説者らが延々と「実際にキスするのかどうか」を論じていたのはユーモラスだった。多くの専門家にとっても、王室には未だに「謎」の部分が多いのである。

デービッド・キャメロン首相
写真：サン・テレフォト

晴れて新首相となったキャメロン氏はバッキンガム宮殿から首相官邸に直行する。新首相は43歳7ヵ月。1812年に42歳で就任したリバプール卿以来、過去200年で最年少の首相になった。キャメロン氏は官邸玄関前で大勢の報道陣を前に、使命感をみなぎらせて語った。

「保守党と自由民主党の連立は安定した政権を築く最善の道だと思う。(イギリスにとって)最良のときは、この先に待っている」

スピード感を持って展開する政権移行のドラマ。この交代劇こそ、「合理性」ではなく「慣習」を尊重するイギリス政治システムの神髄である。

ロンドンのシンクタンク「政治研究所」のキャサリン・ハドン氏は「一夜にしての政権交代に合理性はなく、歴史的にこうなっただけ。多くの人が馬鹿げていると思っている」と話す。

キャメロン首相は自ら体験したこの慣習について「全くイギリス的なものだ。アメリカで大統領が就任するのは選挙から数週間後だし、こんな政権移行を行っている国は他にないだろう。我々のやり方にはどこか、こっけいなところがある」と振り返っている。

ここまで見てきたように、バッキンガム宮殿と首相官邸を舞台に「敗者の屈辱」と「勝者の高揚」のコントラストを鮮明に浮かび上がらせるのがイギリスの政権交代劇である。そこには、「王権を除く全ての政治権力は一時的なものに過ぎない」という国民へのメッセージが秘められているように思う。

はかない「政治権力」を超越した永続的な「国家権威」。政権移行の儀式は、立憲君主制とは何か、国王をいただくイギリスとはいかなる国であるのかを、ドラマ仕立てで国民に分かりやすく知らしめる格好の機会となっているのである。

回避された憲政の危機

この章の冒頭で、２０１０年の総選挙は「憲政の危機」につながる可能性があったと書いた。それは、なぜか。２大政党制のイギリスでも、連立政権の誕生そのものは憲政の危機とはならない。事前に危機が喧伝された理由は、どの政党も過半数に達しないハングパーラメントの選挙結果になった際の政権樹立に向けたルールが明文化されていなかったためだ。

ここで言うルールとは、連立交渉を行う優先権が誰にあり、どのような手順で進むのかという規定である。事態が複雑になるのは、政権与党が第1党から脱落して「敗北」した場合だ。この場合、連立交渉を行う優先権は、選挙前の政権与党、すなわち現職首相にあるのか、過半数に及ばなくとも第1党になって「勝利」した野党にあるのか。さらに、＊第1党になった野党が一方的に勝利宣言して連立交渉を始める＊首相が多数派工作に失敗しても居座りを決め、やり直し選挙を行おうとする＊首相がすでに辞任しているのに連立交渉が決裂して政権発足の目処が立たない、というようなケースへの対応について明文化されたルールがなかったのである。

イギリスには成文憲法がなく、慣例が法やルールになる。逆に言うと、過去に例のない未体験ゾーンに入った場合は、ルールがないということである。戦後のハングパーラメントの先例は1974年2月の総選挙だけである。この総選挙は、炭鉱労組が主導するストライキが吹き荒れ、保守党のエドワード・ヒース首相が「この国を統治するのは誰か。労働組合かそれとも選挙で選ばれた政府か」と有権者に問い掛けたことで歴史に残る。選挙の結果は、与党・保守党297議席、最大野党・労働党301議席となり、わずか4議席差で労働党が第1党になったものの、過半数には達しなかった。ヒース首相がまず自由党(現在の自由民主党)との連携を探ったが、失敗し、投票日から4日後に辞任を表明。これを受けて、労働党のハロルド・ウィルソン党首が首相に就任し、少数与党政権を発足させた。しかし、7ヵ月後に議会を解散、10月に再び総選挙になだれ込んだという苦い経緯がある。

1974年のケースでは、現職のヒース首相にまず連立交渉の権利が与えられた。これは慣例に沿ったものだった。しかし、こうした紳士協定が破られない保障はなく、様々な状況に応じた慣例があるわけでもない。「君臨すれども統治せず」の国王が、やり直し選挙や組閣要請などで自らの判断を示さざるを得ないことも想定されたのである。憲政の危機とは、女王が現実の政党政治に巻き込まれる事態だった。

イギリス・メディアがこの危機を報じた際、あるベストセラー小説を思い出した。ジェフリー・アーチャー氏の『めざせダウニング街10番地』（邦訳版）である。この小説は、総選挙の結果がハングパーラメントとなり、国王が首相任命で自らの政治判断を下すという結末にいたる。その粗筋はこうだ。

労働党と保守党の若く、野心的な3人の議員が初当選から首相のイスを目指して激しいレースを繰り広げる。小説には、1960年代以降に現実に起きた政治的な出来事や政党政治の流れが織り込まれ、1991年に設定された架空の総選挙でクライマックスを迎える。選挙結果は、与党・労働党と野党・保守党の獲得議席数が全く同数で並び、次期政権発足に向け「われわれが参考にすべき先例はまったくありません」という事態に陥る。上院議長を兼ねる大法官は「今回は王室そのものが選択をおこなわなければならない」と国王に助言。国王は、下院議長の助言を得て保守党党首を首相に任命するという展開である。

アーチャー氏は保守党の元下院議員で、サッチャー政権では党副幹事長も務めた。彼の話を聞きたくて、2010年の選挙キャンペーン中にインタビューを申し込んだ。取材場所に指定されたのは、国会議事堂「ウェストミンスター・パレス」を見下ろすテムズ川沿いの高層マンション最上階にある彼のペントハウスだった。気さくなアーチャー氏はソファーに腰掛け、イギリスの政治について熱く語ってくれた。

彼がしきりに嘆いていたのが、イギリス政治のアメリカ化である。

この総選挙ではテレビでの党首討論が初めて導入されたのだが、アーチャー氏はこれについて「TV討論がイギリスの政治を2大政党制から3大政党制へ変えてしまった」と強い不満を漏らした。

本家アメリカでは、民主党のケネディ候補と共和党のニクソン候補が争った1960年の大統領選からTV討論が始まった。それから遅れることちょうど半世紀。保守的なイギリスでも時代の流れには抵抗できなくなった。問題となったのは、保守党と労働党の2大政党でやるのか、自由民主党を加えるのか、という点だった。

労働党が強く反対したのに対し、保守党のキャメロン党首は「クレッグ党首、取るに足らず」と自由民主党の参加を受け入れたという経緯があった。イギリス総選挙では近年、アメリカの政治コンサルタントの存在感が大きくなっている。この総選挙でも、保守党と労働党がオバマ大統領の元参謀を雇っていた。労働党が2008年のアメリカ大統領選でオバマ氏の選挙参謀を務めたジョエル・ベネンソン氏、保守党がホワイトハウスの広報部門幹部を務めたアニタ・ダン氏とそれぞれ契約し、TV討論での「振り付け」などの指導を受けていた。そして、そのTV討論で、選挙戦を一変するサプライズが起きるのである。

自由民主党には、核兵器廃棄や欧州単一通貨ユーロの導入を訴えるなど理想主義的なところがある。その支持層は社会の非主流派という意味で「サンダルを履いてマメを食う奴ら」とも皮肉られてきた。その存在感は薄く、クレッグ党首の顔さえ見たことがない人も多かったほどだ。

しかし、ハンサムで弁舌さわやかなクレッグ党首の映像がお茶の間に流れ、国民注視のTV討論で2大政党の党首と肩を並べて張り合ったことで、その存在感は一気に高まった。自由民主党のカラーである黄色のネクタイを愛用する当時43歳のクレッグ党首は、保守党と労働党の2大政党を「古い政治」と切り捨て、ブレア元党首の下で中道寄りとなった労働党をやり玉に挙げて「自由民主党こそ唯一の進歩的な選択肢」とアピールし、喝采を浴びた。

3回実施されたTV討論は、人口6200万人のイギリスでのべ2100万人が観たという注目度だった。中でも4月15日の1回目の討論は注目を集めた。新聞各紙の世論調査では、自由民主党の支持率が一夜にして10ポイントも急伸して労働党を抜き、トップを走る保守党に肉薄。3政党がともに支持率30%前後で競い合うという前代未聞の様相となった。

タイムズ紙社説は「TV討論により低調な選挙戦は過去数十年で最もエキサイティング

な選挙戦に変わった。ウェストミンスター政治（2大政党制）が疲労感を漂わせる中、討論は新鮮だった」と好意的に評価した。しかし、実際の選挙結果では、自由民主党は得票率を前回総選挙（2005年）の22％から23％へ伸ばしながら、獲得議席数を62から57へ5議席も減らすという皮肉な結果となる。2大政党制を支える「勝者総取り」の小選挙区制の不公平性が改めてクローズアップされた形だった。

TV党首討論の導入は、メディア時代の政治における党首の持つ影響力の大きさを見せつけるものだろう。そのTV討論には、「イギリスの政治がショービジネス化しかねない」などの批判も強かった。

アーチャー氏は「我々は、〝ブリテンズ・ガット・タレント〟や〝アメリカン・アイドル〟（ともにタレント発掘の人気オーデション番組）の時代に生きている。若者は〝政策など気にしない。セクシーな政治家がいい〟と言わんばかりだ。そんなことでいいのかね」と苦言を呈した。TV討論により、政策よりパーソナリティが物を言う選挙へ変質することへの危惧である。

イギリス政治への見解を一通り聞いた後で、本題に移った。『めざせダウニング街10番地』が出版されたのは1984年。小説のように、エリザベス女王が最終的に次期首相任命で自らの政治的な判断を下す可能性があるのか。この問いに、彼はこう答えた。

「ハングパーラメントになった時に何が起こるのか、それはちょっとしたミステリーだ」

しかし、懸念は杞憂《きゆう》に終わる。選挙結果は政権与党・労働党が第2党になり「敗北」する事態になったが、憲政の危機は回避された。その理由は、官僚が選挙前に新政権発足のプロセスに関するルールを明文化していたからである。官僚は、保守党と自由民主党、労働党と自由民主党のそれぞれの連立交渉にも同席。連立交渉では、各党が選挙で示したマニフェスト（政権公約）の政策の違いを調整し、連立合意文書にまとめることが大きな課題となるが、官僚がその調整役を果たし、投開票日からわずか5日で連立政権の発足を導いたのである。

◇　◇　◇

ハングパーラメントの際の新政権発足への手順を示したのは、官僚トップの内閣官房長を務めるガス・オドネル氏だった。イギリスの官僚システムでは、内閣官房長と呼ばれるポジションが官僚のトップであり、その下にある内閣府が全省庁の要となる。事前の各種世論調査で半数を超える政党が出ないことが予想される中、オドネル官房長らは、イギリスの議会制度をモデルにしながらも連立政権の経験を積んでいるニュージーランドを視察するなど、周到に戦後初の連立政権発足に備えていた。

オドネル官房長は総選挙公示の約2ヵ月前、ハングパーラメントの際の国王、首相、官僚らの役割と責任を明示した「内閣マニュアル」というガイドラインの草案を公表した。その中で、＊政権与党が第2党になっても現職首相にまず組閣の権利が与えられる＊首相は選挙後、議会を召集する前にやり直し選挙を国王に要請することはできない＊官僚が連立交渉に同席して政策調整を支援する、ことなどが規定された。これまであいまいに運用されてきたルールが明文化されたという意味で画期的だった。

このマニュアルの目的は、国王が政治に巻き込まれないようにすることである。文書には、「誰が最も議会の信頼を得られるか（首相は誰か）の交渉は政治家が行うもので、国王はそのプロセスに関与することはないし、あってはならない」と記されている。内閣マニュアルを審議した下院司法委員会の公聴会で、オドネル官房長はその目的について「慣例と法規をまとめてルールを明文化」することだと説明した上で、「国王が政治を超越した存在であり続けるようにすることは（選挙時の）首相の責任である。首相が辞任する際は、次期政権の発足に向けて女王が誰を呼ぶか明確になっていなければならない」などと述べている。

下院司法委員会はガイドライン承認後に報告書をまとめた。目を引くのは「国王の政治への不介入」を掲げながらも、国王が首相の下院解散要求を拒否できるケースを過去の原則に沿って明記していることだ。それは、①下院がまだ職務を遂行できる、②解散が国家経済に大きな打撃を与える、③下院で与党が多数派であり別の首相を見つけることができる、の3つのケース。これは、首相の暴走を許さないためのセーフティネットである。

イギリスに国王の権限を規定する法律はない。現在の「君臨すれども統治せず」の立憲君主制は、名誉革命（1688〜1689年）でその基礎が確立された。分かりづらい話だが、イギリスは国王主権の国でも、国民主権の国でもない。その在り方は、「議会における国王主権」とも「議会主権」とも呼ばれる。要は、国王の権限を完全には否定しない、国王主権と国民主権の折衷案のようなものである。制度的には、議会が制定する法律は何人も否定できないという意味において、議会の国王に対する優越が規定されているものの、行政権を行使する政府は「国王の政府」と呼ばれる極めてあいまいな在り方なのである。

イギリスにおいて、国王の政治的な関与への制限は漸進的に行われてきた。ハングパーラメントの際に国王が「介入」しないことが今回初めて明文化されたように、それは今も続くプロセスなのである。エリザベス女王が1952年に即位した当時はまだ、首相を自らの判断で任命する役割が期待されていた。1963年には、儀式としての首相任命ではなく、実際に首相を決めている。保守党党首のマクミラン首相が任期途中で病気のため辞任することになった際のことだ。保守党が後継党首選びで分裂したため、女王はマクミラン氏の助言を受けて、「第4の候補」だったダグラス＝ヒューム氏に組閣を要請した。女王が首相から後継者の推薦を受けるという慣例はなく、このケースは女王が自らの判断を示した首相任命と位置づけられている。

イギリス国王の権限について多くの専門家に取材したが、国王は今も憲政の「最後の防波堤」として政治に介入する権利を温存しているように見える。成文憲法がないために、やはり、「国王」と「政治」の関係はあいまいなままなのである。

◇　◇　◇

2010年総選挙は、イギリス立憲君主制の柔軟性を浮き彫りにした。その中でも特筆すべきは、これまで見たように、官僚が果たした役割の大きさである。彼らは、ハングパーラメントの際の政権発足に関わるルールを決め、連立交渉の仲介役もこなした。政治研究所のハドン氏によると、こうした官僚の役割は「公式な権限」に基づくのではなく、「女王の政府」のシビルサーバント（公務員）として、王権を代理で行使するもので、官僚の政治への「関与」が慣例的に行われ得るのだという。

官僚の働きが、政権移行プロセスを安定させたのは間違いない。実際のケースでは、選挙で負けた労働党のブラウン首相が、最初に連立交渉を行う権利を保守党のキャメロン氏に譲ったことで、マニュアル通りには進まなかった。それでも、ルールを明文化していたことがプロセスの不透明感をぬぐい去り、事前に混乱の芽を摘んでいたことは高く評価されている。

そして、この結果を最も喜んだのは、エリザベス女王だったようだ。女王はキャメロン連立政権が発足して数週間後、官庁街ホワイトホールにあるオドネル官房長の内閣府を訪れ、感謝の意を伝えている。女王が官公庁を訪れたのは58年間の在位期間で初めてだった。

「女王の公僕」である官僚が連立交渉を仲介し、理念を越えた政党間の連立が成立したことは、国王を頂点とするイギリスの政治システムが持つしなやかさを示すものである。キャメロン首相は選挙を振り返り、「イギリスの（不文）憲法は柔軟性と威厳を持って問題を乗り越えた」と語っている。

政治主導のイギリスでは、官僚は「黒衣《くろこ》」のイメージが強い。イギリスの官僚らが仕事上で接触を許される政治家は、ミニスターらに限定されている。与党議員でも政府の公職に就いていなければ、官僚と接触することはできない。そのため、与野党議員への根回しといった政治的な仕事は一切せず、原則として記者会見を行うこともない。不文律として、官僚が国会議員に転身することもあまりない。

こうした事情から「黒衣」のイメージができるのだが、その権限は決して小さくはないのである。ブレア政権のターンブル元内閣官房長は首相との関係を次のように説明した。

「私は内閣に口を出さない。だから、あなたも官僚には口を出さないでほしい、というような感じだった」

実際、官僚が首相の人事を潰したケースもある。ブレア首相は特別顧問として民間人を多く登用したが、1997年の就任当初、首相の首席補佐官にも民間人を就けようとした。このポジションは王室や野党との連絡役でもあるため、官僚の登用が慣例となっており、当時のバトラー官房長が首相に抵抗し、断念させている。

イギリスにおける官僚の影響力を物語るのは、政治家と官僚の関係を描いて1980年代に大ヒットしたBBC放送のコメディドラマ「イエス　ミニスター（かしこまりました大臣）」である。いかにもイギリス的な皮肉たっぷりのこのドラマは、新任大臣ハッカー氏が晴れて首相になるというストーリーだが、随所で、官僚に操られがちな大臣の姿を描いている。その一場面で、大臣に就任したハッカー氏が、野党の前大臣とこんな会話を交わしている。

ハッカー氏「官僚の抵抗を抑える良い方法はないものかね」

前大臣「その術を知っていたら、野党になんかなってないさ」

そして、ハッカー大臣は、こう言い放つのである。

「野党とは反対勢力ではなく、追放された政府である。官僚こそが真の反対勢力である」風刺ドラマだから、相当の誇張はあるだろう。しかし、BBCが2005年に行った「イギリスで最も影響力があるのは誰か」というアンケートでは、先に登場したオドネル官房長（当時）を挙げた人が10％に上って堂々の5位に入った。当時のブレア首相が7位だったことを考え合わせると、国民には「強い官僚」のイメージがあるようだ。ちなみに、1位は欧州連合（EU）の行政府にあたる欧州委員会のバローゾ委員長（ポルトガル人）、2位はタイムズ紙や大衆紙サン、衛星テレビ「スカイ」などを所有するメディア王ルパート・マードック氏（オーストラリア出身のアメリカ人）だった。

政治主導のイギリスだが、高級官僚の地位は高く、それを裏付けるのが給与面での厚遇である。2010年の段階で、下院議員の歳費6万4000ポンド（約1150万円）に対し、事務次官の給与は14万～28万ポンド（約2500万～5000万円）。上級ポストは公募制が基本で、その選抜システムは官僚側が掌握。事務次官の3人に1人は外部からの起用だ。

雇用事務次官など政府の要職を歴任したニコラス・モンク氏は官僚を使いこなせない「政治主導」など機能しないと力説し、ブレア労働党政権（1997～2007年）はその典型だったと指摘する。労働党は1979年のサッチャー保守党政権発足以来、97年の政権奪還まで18年の長きにわたり野党の冷や飯を食い続けてきた。ブレア氏は政権を握ると、首相官邸の要職を官僚ではない政治任用者で固めた。首相府の「ポリシー・ユニット（政策室）」などが強化され、民間からの特別顧問の数は従来の8人前後から一挙に25人前後まで急増。こうした人事により、ブレア氏は政治主導を強めていき、首相に権力が集中する大統領的性格を強めていった。モンク元事務次官は「長く野党の立場にあると、少人数の側近からアドバイスを得ることに慣れてしまう。官僚との十分な協議を怠り、適切な分析を欠けば、政策は機能しない。官僚の役割は、政策決定プロセスを構築し、閣僚に厳格な分析と偏見のない助言を与えることである」と話した。

揺れる伝統の２大政党制

キャメロン連立政権の誕生について、エリザベス女王は関係者にこんな感想を漏らしたという。

「この連立政権はイギリスにとって良いことでしょう。なぜなら、我々は先例のない変化の時代に生きているからです」

メディアの反応も概ね好意的だった。タイムズ紙は「党派政治に幕を下ろし、妥協と協調の政治をもたらすだろう」と歓迎し、フィナンシャル・タイムズ紙は「国にとって正しい結果」であり、「イギリスは持続する連立政権を必要としている」と指摘した。

イギリスの政治において、2010年総選挙は分水嶺になる可能性が大きい。もっとも、ドイツやイタリア、北欧諸国を筆頭に欧州の議員内閣制の国では連立政権が一般的であり、これまでイギリスが例外的だったのである。選挙制度を見ても、小選挙区制はもはや民意を反映しなくなっている。グローバル経済の下で貧富の格差が拡大し続ける中、近年のイギリス総選挙では「フェアネス(公平性)」という言葉が一つのキーワードになっているが、選挙制度そのものが「アンフェア(不公平)」の象徴となっているのである。

◇　◇　◇

イギリス政界は2010年の総選挙前、厳しい世論の批判を受けて総ざんげ状態だった。その核心にあったのは、下院議員がほぼ総ぐるみで経費を不正に請求していたという前代未聞の政治スキャンダルだ。現代イギリスの政治家は比較的、不正や汚職が少ないとされてきた。その政治家のイメージを根底から覆した事件が、総選挙前年の2009年に発覚した議会の「経費流用スキャンダル」という事件だった。

このスキャンダルの発覚は、アメリカ人ジャーナリストによる議会への4年がかりの情報開示請求が認められたことに端を発し、議会事務局職員が保守系紙デーリー・テレグラフに内部資料を金銭で売ったことで一気に拡大した。イギリスでは、メディアが情報提供者に金銭を支払うのは珍しくない行為で「チェックブック（小切手）ジャーナリズム」とも揶揄される。テレグラフ紙はその情報入手手段で批判を浴びながらも、連日、議員の不正行為を大々的に暴露し、身に覚えのある議員らは恐怖に怯える日々が続いた。

議員らの不正は、地方選出議員のロンドンでの住宅費を補助する「第2住宅手当」の制度を乱用し、1ポンド（約180円）の冷凍ピザからタンポン代、有料テレビのアダルト映画視聴料、支払い済み住宅ローンの金利負担まで様々な目的に使っていたものだった。この制度は、各議員が年間2万4000ポンド（約430万円）まで実費請求でき、250ポンド（約4万5000円）以下は領収書が不要だったため、乱用の温床になっていた。

暴露報道の中で、経費流用は当時のブラウン首相も含め議員の間で常態化していたことが明らかになる。自宅の家具代5000ポンド（約90万円）を不正請求していたブリアーズ地域・地方政府担当相ら閣僚3人が責任を取って辞任し、また、マーチン下院議長が議会での対応を誤って1695年以来、314年ぶりという議長辞任に追い込まれた。議会の浄化にいかなる自助努力が必要かを問われているときに、情報リークの犯人捜しを優先する発言をして、メディアや世論の猛反発を受けた結果だった。

議会事務局の調査の結果、約400人の元・現職議員が計130万ポンドの返済を求められ、不正の度合いがひどかった議員3人が逮捕・起訴された。大衆紙サンは経費流用を

「白昼強盗」との大見出しで糾弾。2010年の総選挙では140人超の現職議員が出馬せず、引退したが、その多くが経費流用に絡んで引退を余儀なくされたものだった。この総選挙は、戦後最大級の議員の入れ替えにつながったのである。

一連の出来事のインパクトを最も適切に表現したのは、エコノミスト誌（2009年5月23日号）の論説記事だろう。「政治的な気候大変動」と題したその記事は「過去1世紀、イギリスは多くのものを失った。帝国、軍事力、経済的なリーダーシップ。それでも、我々は世界で最善の議会を持っていると考えていた。だから、スキャンダルは大きなショックだった」と嘆いた。

ただ、このスキャンダルには多少の背景説明が必要だ。イギリスには国会議員を特別視する風潮はあまりない。その分、歳費も日本（約2200万円）などに比べると相対的に低く、前述したとおり2010年時点で下院議員の歳費は6万4000ポンド（約1150万円）に抑えられていた。上院議員の場合はそもそも報酬がなく、必要経費が支払われているに過ぎない。議員の歳費は世論を意識して1990年代からあまり上がっておらず、その代わり、目立たないように住宅や通信などの諸手当が引き上げられていた。こうした経緯があり、議員たちには諸手当は「歳費の一部」との認識が広がり、その流用が常態化していたのである。この頃のイギリス人の平均年収は約2万6000ポンドで、議員の歳費はその3倍弱に当たる。スキャンダル発覚当時、議員からは「歳費が安いためだ」と弁明の声が漏れたが、世論に同情するムードはなかった。

◇　◇　◇

政治で問われているのは、民意を反映しなくなった選挙制度や政治家のモラルだけではない。イギリス社会の中流化が進んだ結果、「ミドル・イングランド」と呼ばれる中間層の支持なくして選挙に勝てなくなり、保守党と労働党の2大政党がともに中道に寄って政治路線に大きな差がなくなったことも見逃せない。２０１０年総選挙は、欧州財政・金融危機のまっただ中で行われ、巨額財政赤字への対応策が最大の争点となった。しかし、この問題での両党の差は、緊縮財政を選挙直後から始める（保守党）のか、１年の猶予期間を置いて始める（労働党）のかという違いぐらいしかなかった。

ロンドン・スクール・オブ・エコノミックス（ＬＳＥ）のトニー・トラバーズ教授は、「（2大政党は）ともにプロ・ビジネス、市場経済支持の立場で、政策面では互換可能だ」と説明する。また、政府の税金の使い方を監視するロビー団体「納税者同盟」のマシュー・エリオット理事長は「２大政党は立場の違いを騒ぎ立てるが、政策を見れば基本的に同じだ」と失望を隠さない。

政治路線を最初に中道に大きく寄せたのは、ブレア党首の下での労働党だった。同党は

1995年に党綱領から「国有化条項」を削除して労働組合依存体質からの脱却を図り、「ニュー・レーバー（新しい労働党）」路線を打ち出した。経済政策では市場経済を信奉するサッチャー路線を引き継ぎ、「メリトクラシー（能力主義）」を受け入れた。市場経済と社会的公正の両立を図る「第3の道」路線を掲げたものの、実態としては、社会主義に基づく「結果の平等」ではなく、「機会の均等」に力点を置く新自由主義的な姿勢への路線転換であり、結果、格差の拡大へとつながった。ロンドンの財政研究所の資料では、イギリスの最富裕層10％の所得が国民総所得に占める割合は、労働党政権が発足した1997年の28％から、2008年には31％へと上昇している。

保守党の中道化路線も明確だ。ブレア、ブラウン両首相の下で労働党政権が13年間続き、この間に保守党は再建を目指したが、「自由競争偏重」「弱者に冷たい政党」という伝統的なイメージからなかなか脱却できず、国民の支持を得られなかった。しかし、総選挙で3連敗後の2005年に党首となったキャメロン氏の登場により、状況は変わる。キャメロン党首は、経済政策では保守党の金字塔であるサッチャリズムを受け継ぐが、社会政策では意図的にサッチャー路線との決別を図り、「モダン保守党」への転換を掲げた。

その変化を感じさせたのが、2009年に中部マンチェスターで開いた保守党の年次党大会だった。キャメロン党首が「誰が最も貧しい人たちをより貧しくしたのか。保守党ではなく、労働党ではないか。現代の保守党は貧困層のために闘う」と訴えると、会場は総立ちになって一際大きな拍手を送った。それは、富裕層の政党が復活をかけて党のイメージを刷新しようとする姿を印象づけるものだった。そもそも伝統的な工業都市で労働者階級が多いマンチェスターで党大会を開くこと自体が、路線変更への意思を象徴するものだ。従来の保守党は、南部ブライトンなど海辺の保養地で党大会を開くのが常だったからである。

サッチャーは、国家と個人を尊重し、「社会などというものは存在しない」という有名な言葉を残した。サッチャーは後にこの発言を「失敗」だったと振り返っているのだが、キャメロン党首はサッチャリズムと一線を画すために敢えて「社会というものは存在する。それは国家とは異なる」と明言。サッチャー元首相が目の敵《かたき》とした無料の「国家医療制度（NHS）」を聖域として歳出削減の対象としないことを公約にもした。

キャメロン氏の路線は、かつてアメリカの共和党が掲げた「思いやりの保守主義」と通じるものがある。これからの保守主義が生き延びるためには、中・低所得層を意識した路線が必要なのだろう。

王権と議会

イギリス国会は通常毎年秋に開会し、その初日には国王が出席して絢爛豪華、古式ゆかしい雰囲気の中でセレモニーが行われる。総選挙が実施された2010年は、キャメロン連立政権発足2週間後の5月25日に議会が開会した。その様子を見てみよう。

施政方針演説は、女王演説（クイーンズ・スピーチ）として表明される。と言っても、演説内容を準備するのは政府であり、女王は読み上げるだけだ。国王の政治的中立を大原則としながらも、こうした伝統を捨てないのがイギリスである。エリザベス女王は枕詞である「私の政府（マイ・ガバメント）」で演説を始め、60年近い治世で初めてとなった連立政権の政策理念として「自由、公正、責任」を挙げ、「最優先課題は財政赤字の削減と経済成長の回復です」などと代読した。その調子は、言葉の抑揚を極力抑えた棒読みである。このスタイルにより、施政方針演説で「政治性」を排除しているのだという。

女王演説は下院ではなく、上院（貴族院）で行われる。国王は下院に足を踏み入れることが許されていないためだ。事の由来は1642年。後に清教徒革命（1642〜1649年）で処刑される国王チャールズ1世は反国王派の議員を逮捕するため下院に乗り込もうとした。しかし、議長はこれを拒絶。以後、国王が下院に入ったことはないという伝統を守っているのである。

議会開会式には、王権と議会の緊張関係を示す儀式もある。エリザベス女王がバッキンガム宮殿から議会に向かう際、下院議員の有力者1人が同宮殿で「人質」に取られる。女王の議会での身の安全を保障するために取られてきた措置だ。

女王は宮殿から議会へ馬車で向かう。それに先立ち、王権の象徴である、サファイアやダイヤなど3000個あまりの宝石をちりばめた王冠が馬車で議会へ運ばれる。議事堂・ウェストミンスター宮殿には、「主権者の玄関」という王室専用のゲートがあり、ここを通った女王が、上院議場に入場した後、下院議員を同議場へ召集する。黒杖官と呼ばれる女王の使者が、下院議場に向かうが、到着するとその目の前で下院の重厚なドアはバタンと閉じられる。黒杖官はそのドアを杖で3度ノックして、ようやく入場が許されると、議長に向かって「女王陛下がお呼びです」と伝え、下院議員らを上院へと導くというのが一連の段取りだ。

イギリス王室が現在の形で生き残ってきた理由は、こうした儀式からも読み取れる。イギリス王室は歴史の早い段階から、その権力を制限され、絶対的権力は失っていたということだ。イギリスの王権は、1215年のマグナカルタ（大憲章）制定以降、その権力を徐々に縮小されてきた。マグナカルタは、戦費負担に怒った貴族からの退位を求める圧力に屈し、時の国王ジョンが王権の制限を受け入れた文書。国王といえども慣習を尊重する義務があることを確認し、「法の支配」や「議会の権限」などが明記された。近代民主主

議会開会式に臨むエリザベス女王と夫のフィリップ殿下
写真：ロイター=共同

義への最初の一歩である。その後、名誉革命（1688〜1689年）を経て、国王と議会の関係を規定する「権利章典」が定められ、「君臨すれども統治せず」を原則とする立憲君主制の基礎ができ上がっていく。

マグナカルタや権利章典は今も、イギリスの不文憲法を構成する重要な要素である。先例、慣例を尊重し、成文憲法を持たないメリットは、事態に対処する際の柔軟性の確保にあると先に指摘した。全ての人間活動を制御する最高法規である憲法は「人類が生み出した最高の芸術である」とも言われるが、その憲法を明文化せず、世界でも希《まれ》な不文憲法を維持するイギリス人の創造力とは、やはり相当にユニークなのだろう。

一方で、成文憲法を持たない理由には、現

実的な側面もある。政治研究所のハドン氏は「イギリスの憲政システムは世界で最も古い歴史を持つものであり、長い年月をかけて出来上がった。だから、一旦手直しを始めると、次々と手直しが必要になる。糸をほどき始めると、全てがバラバラになるという不安もある。〝壊れていないなら、修理するな〟ということだ」と解説する。

コラム❷

イギリスの議場はなぜかくも狭いのか？

2大政党制とは、対立的な政治である。その構図は、議会の建築様式にも反映されている。党首討論（ＰＭＱｓ＝首相のクェスチョンタイム）の映像で思い出す人も多いのではないかと推察するが、下院本会議場の形状は長方形で、通路を挟んで与野党が対峙して座る。議場は縦20・7メートル、横14メートルとバスケットボールのコートの広さもない。与野党を隔てる通路の幅はわずか3メートルで、これはお互いが剣を抜いても届かない距離として設定されたものだ。議場の形は世界的には扇形が主流だが、イギリスの議場は2大政党制を反映する構造として長方形を採用している。

下院議場での党首討論を何度かのぞいたが、いつも感心させられたのは、どんなに深刻なテーマを議論していてもどこかユーモラスで、その丁々発止の論戦が熱気に満ちていることだ。

例えば、キャメロン連立政権が巨額財政赤字を今後5年間でほぼ解消するという、驚くほど大胆な歳出削減策を発表した２０１０年10月20日のやり取りは、こんな具合だった。

キャメロン首相　「さっきの質問より随分良くなったね。進歩したじゃないか」

ミリバンド労働党党首　「それじゃ、もう1回（質問し直す）チャンスをもらえるかな」

笑い声と「イエー（その通りだ）」「ネー（そうじゃない）」の掛け合いが絶えない本会議場は立錐の余地もない。というのも、下院定数650に対し、座席は長イスで約430人分しかないからだ。そこからあぶれた議員は大臣も含め立ち見となる。なぜ議場がこれほどまでに狭く、長イスは自由席で全員が座るスペースすらないのか。その来歴を知ることもなく、単純に建物が古いせいだろうとずっと思い込んでいたのだが、実は、議場は意図的に狭く設定されたものだった。

下院本会議場は第2次大戦でドイツ軍の空襲により破壊され、その後、ほぼ元の状態に再建される。それを強く主張したのが当時のチャーチル首相で、1943年10月、再建案を討論した戦時議会でこう訴えている。

「建物を形作るのは我々だが、その建物が後に我々を形作ることになる。議員全員を収容するような議場にしてはいけない。下院での優れた議論の真髄は、軽快にやり取りができる対話スタイルにあるからだ。そのためには、小さな議場と打ち解けた雰囲気が欠かせないのである」

〝建物を形作るのは我々だが、その建物が後に我々を形作ることになる〟。なんとも奥の深い言葉である。

第３章

女王と政治家
サッチャーの軌跡

ロンドン中心部のセントポール大聖堂に到着したサッチャー元首相の棺を見守るエリザベス女王（左手前）
写真：ロイター＝共同

階級が違う2人の女性指導者

エリザベス女王は即位以来、12人の首相に接してきた。女王は国会会期中、バッキンガム宮殿で首相と毎週水曜日に会見し、国政や外交課題などについて報告を受ける。その場に第三者が同席することはなく、そこで何が話されたのか、女王が何を語ったのかは完全な「ブラックボックス」である。女王と首相の関係は、ほとんど知られることがない。王室ジャーナリスト、ロバート・ハードマン氏の著書『OUR QUEEN（我々の女王）』を基に、その関係を覗いてみよう。

この著書の中で、ウィリアム王子は女王と首相の会見について「何をすべきなのか、女王が言ってくれることを望んでいる首相もいるのではないか」と興味深い発言を行っている。その実情を聞かされていてもおかしくない王子の言葉から読み取れることは、女王と首相は時々の政治的課題で相当に踏み込んだ会話を行っているらしいことだ。また、メージャー元首相は「時に（女王の愛犬である）コーギーが同席することもあったが、その場には他に誰もいないので、信頼は絶対的なものだった。女王に言いたいことを思い止まったことは一度もなかった。女王もそうだったと思う」と振り返り、毎週の謁見は「健全な」政府運営に死活的に重要だったと説明している。会話の内容が外に漏れない安心感から、女王は時に首相の良き相談役になっているのだろう。「君臨すれども統治せず」の女王ではあっても、彼女の発言が時に首相の重要決定に影響を及ぼしていても決して不思議ではないのである。こうした点から、イギリス憲政の在り方を企業統治に例え、女王を「代表権のない会長」とみなす見方もあるほどだ。

それでは、エリザベス女王は歴代の首相をどう評価しているのだろうか。その本音は、女王の死後、伝記作家が彼女の日記にアクセスできる日まで待たねばならないが、女王が誰を好み、誰と打ち解けなかったか、という程度の推測は流れている。

最初の首相であるチャーチル（保守党、在職1940年5月～1945年7月、1951年10月～1955年4月）は別格として、その他の首相では、ハロルド・マクミラン（保守党、1957年1月～1963年10月）とハロルド・ウィルソン（労働党、1964年10月～1970年6月）とは相性が良かったとされる。逆に、相性が悪かったのは、エドワード・ヒース（保守党、1970年6月～1974年3月）だという。ヒースの場合、両者の趣味の違いや、外交政策において女王が首長を務める英連邦より大陸欧州を重視したことなどが、女王がお気に召さなかった理由だったようだ。

女王と首相の関係を推測する一つのリトマス試験紙は、謁見後に「飲み物を共にする」かどうかだという。例えば、「新しいイギリス」を掲げて伝統社会の改革に踏み出したブレア元首相は飲み物を共にしなかったとされ、「落第」ということになるらしい。そして、歴史家や国民が女王との関係において最も関心を持った人物がいる。イギリス初の女性宰相となり「鉄の女」と呼ばれたサッチャーである。国家元首と首相として頂点に並び立った2人の女性の関係は国民の想像力を刺激するのである。

この章では、イギリスだけでなく、国際社会にも大きなインパクトを与えたサッチャー首相の時代を「女王との関係」という視点で振り返ることで、その歴史的意味を浮き彫りにしたい。

◇　◇　◇

2013年4月17日。ロンドンのセントポール大聖堂でマーガレット・サッチャー元首相の葬儀が行われ、エリザベス女王夫妻が参列した。国王は「平民」の葬儀には出席しないというルールを破った異例の出来事だった。女王が首相経験者の葬儀に出たのは1965年のチャーチルの国葬以来48年ぶりで2度目。イギリスをナチス・ドイツの魔手から救った戦時の英雄チャーチルは、1952年に即位した女王にとって最初の首相でもあり、このケースは例外である。歴史を紐解くと、1881年にビクトリア女王がベンジャミン・ディズレーリ元首相の葬儀への参列を望んだが、慣例から認められず、断念した経緯がある。この例を見ても、エリザベス女王の参列がいかに特筆すべき出来事であったかが分かるだろう。

ロンドンの金融街シティにあるセントポール大聖堂は、第2次大戦中のドイツ軍空襲で市街地が甚大な被害を受けても、その巨大なドームを焼け跡の中に悠然とそびえ立たせていた。不死鳥ロンドンを象徴する建物である。ここでの葬儀で、サッチャーの棺は軍人に担がれて祭壇へと進んだ。棺の前を歩くのは、彼女の孫であるマイケルさんとアマンダさんで、2人はエリザベス女王からサッチャーに与えられた2つの勲章を遺影のように抱えていた。騎士勲章としては最高位のガーター勲章（授与は1995年）と、純粋にその功績を称えるメリット勲章（1990年）である。メリット勲章は生存者のメンバーが24人と定められており、最高の栄誉とされる。女王はこの勲章を、宰相サッチャーを惜しむかのように首相辞任からわずか9日で与えている。

サッチャーは1979年から1990年まで首相を務め、在職期間の11年と209日は20世紀のイギリス首相としては最長である。彼女の政策や価値観を総称したものはサッチャリズムと呼ばれる。人の名前にイズムを付けて呼ぶのは、従来のイデオロギー的、政策的体系では分類し切れない、特異性や不規則性があるからだろう。例えば、サッチャーは西欧諸国で初の女性首相でありながら、女性の地位向上を推進するフェミニズムに肩入れすることはなかった。また、徹底的に国有産業の民営化を進めながら、イギリス国鉄「ブリティッシュ・レイル」の民営化は許さなかった（国鉄は後継者のメージャー首相が民営化する）。

それでも、サッチャリズムの核心である新自由主義経済そのものは分かりやすい。例外はあっても、自由市場が諸問題の「最適解」をもたらすと考え、規制緩和や民営化をどんどん推し進めた。外交面では、社会主義を敵視した。サッチャリズムとは簡潔に言えば、「自由」と「個人」を信奉する過激主義だった。その政策は、金融業を中心にイギリス経済を復活させる一方で、伝統の製造業を衰退させ、「勝ち組」と「負け組」を分断する格差社会をもたらした。

西欧諸国で初めて女性首相になったマーガレット・サッチャー。約12年間の在職期間中に徹底的な規制緩和と民営化を推進した
写真：UPI・サン

国際的には、レーガン米大統領とともに東西冷戦を終結させ、社会主義に対する民主主義の勝利を導いた。また、新自由主義経済は世界へ普及し、今や国際社会を動かすＯＳ（オペレーション・システム）となった観がある。

そのサッチャーの死に対し、イ

ギリス国内では史上最高の「平時の首相」という評価が出る一方で、彼女の政策により人生を滅茶苦茶にされたと考える反サッチャー派は各地でお祝いの気勢を上げた。死してなお、サッチャーはイギリス社会の「分断者」であった。

これに対し、国際的な評価は概ね好意的だ。リーマン・ショック後に鮮明になった市場主義経済の非人間性に絡めた批判はあっても、基本的には「強い指導者」への賞賛である。例えば、＊その死去を報じた日本の新聞（4月9日付）の見出しは、「『強い英国』体現　冷戦終結の立役者　格差拡大　負の遺産も」（毎日新聞）＊「不屈の意志　世界変革　自由を信奉」（朝日新聞）＊「『強い指導者』惜しむ　市民ら『英に自信取り戻した』」（読売新聞）といった具合だ。旧東ドイツ出身のメルケル独首相は「彼女は自由を求める東欧の人々のパワーを理解していた。私は、彼女が欧州分断の克服と冷戦の終結に果たした貢献を決して忘れない」と弔意を示している。

このように内外のサッチャー評価には落差があり、この落差こそ、サッチャーの悲劇だった。彼女は最後、閣僚らの造反により辞任に追い込まれ、涙で首相官邸を後にする。サッチャーは国際社会での名声の高まりとともに、一層独善的になっていったのだ。強い指導力と独善は紙一重なのだろう。それは周囲が受け入れるかどうかであり、彼女はその一線を越えてしまったのである。

そして、この強烈なオーラを発した女性宰相とエリザベス女王の関係もまた、平坦なものではなかった。サッチャーの誕生日は1925年10月13日。女王は1926年4月21日生まれで、サッチャーが6ヵ月だけお姉さんだ。しかし、同時代を生きながらも、2人の背景は鮮やかなコントラストを成す。その地位を世襲した国家の最高権威と、権力の階段を自らの才覚と努力で登り詰めた最高権力者。中産階級出身のサッチャーにとっては階級社会という壁だけでなく、男性支配社会という壁もあった。どう見ても、2人の相性が良いとは思えない。サッチャーの首相在職中、イギリスという国家の頂点に並び立つ2人の女性の関係をめぐっては、不仲説がくすぶり続けた。2人はどんなことをめぐって立場を異にしたのか。この問いに答えることは、イギリス社会の実相を浮き彫りにすることにつながるように思う。

◇　◇　◇

サッチャーが死去したのは4月8日午前11時ごろだった。死因は脳卒中。晩年は認知症を患い、階段の上り下りも困難になったため、数ヵ月前からロンドン市内の最高級ホテルリッツに滞在していた。友人の厚意によるもので、サッチャー自身は生涯を通じて比較的質素な暮らしを好んだことで知られる。エリザベス女王は彼女の死を悼み、遺族に私的なメッセージを送り、バッキンガム宮殿に半旗を掲げた。その葬儀は儀礼葬（準国葬）として執り行われた。

4月17日の葬儀当日は、サッチャーへの「敬意と怨恨が交錯する1日」（デーリー・テレグラフ紙）となる。

午前10時に国会議事堂・ウェストミンスター宮殿を出発した霊柩車は、葬儀会場のセントポール大聖堂に向かう途上、トラファルガー広場を通過する。葬儀の4日前、この広場では反サッチャー派の3000人が彼女の死去を祝う集会を開いた。集会では、国際的にも著名な映画監督ケン・ローチ氏（2006年カンヌ国際映画祭でパルムドール賞受賞）が「彼女の葬儀は民営化しようじゃないか。競争入札にかけ、最も低い値をつけた業者に任せるのだ。それこそが彼女の望んだことではないか」と皮肉を込めて訴えた。

トラファルガー広場は、サッチャーにとって因縁めいた場所だ。彼女は1990年11月、最終的に欧州問題をめぐる閣内対立で首相の座を追われることになるのだが、致命傷となったのは「人頭税（ポール・タックス）」導入の試みだった。貧富の差に関係なく国民全員に一律に課税する人頭税は世論の強い反発を呼ぶ。ロンドンでは1990年3月31日、20万人規模の抗議デモが起き、このトラファルガー広場で暴動に発展。多数の負傷者と300人を超す逮捕者を出した。騎馬警官がデモ参加者らを踏み倒す映像は、サッチャーの威圧的な政治手法を振り返る一コマとして欠かせないものだ。これを契機に、サッチャーは急速に求心力を低下させていくのである。

葬儀の日、リバプールやリーズ、グラスゴーなどイギリス各地でサッチャーの死を祝うパレードやパーティが開かれた。サッチャリズムによりさびれた工業都市や炭鉱町である。それは、「反」サッチャー派などという生ぬるいものではなく、「憎」サッチャー派と呼ぶべき人々による鬱憤《うっぷん》晴らしの光景だった。

イギリス中部サウス・ヨークシャー州の旧炭鉱町ゴールドソープでは、元炭鉱労働者ら約1000人が擬似葬儀を行った。サッチャーの人形と棺まで用意してパレードを行い、最後は人形を燃やすという過激さだった。この町の炭鉱は1994年に閉山。近郊の家には「サッチャーは自然に死んだが、彼女は我々の炭鉱を殺した」という張り紙が出されていた。

経済効率を重視したサッチャーが、特に「敵」とみなしたのが、強硬な労組が支配していた石炭産業だった。その闘争で、サッチャーは緻密な政略家の顔を見せる。彼女は政権2期目まで待ち、長期間の炭鉱ストにも耐えられる十分な石炭備蓄を行った上で、炭鉱労組と全面対決に入ったのである。その戦術は功を奏した。首相在職中に国営の150炭鉱が閉鎖され、炭鉱産業はほぼ壊滅状態になった。その結果、数万人が職を失い、伝統の炭鉱コミュニティは衰退していくのである。「我々はサッチャー死去のニュースを長らく待ちわびていた」（炭鉱労組幹部）。「彼女が（死んだことより）生まれてきたことを悼みたい」（元炭鉱労働者）。メディアは、サッチャーを憎悪する各地の声を伝えた。

人はこれほどまで誰かの死に歓喜できるものなのか。にわかには信じがたい、と思うかもしれない。しかし、このムードは体験的によく理解できる。

イギリス中部にある「世界最古の産業都市」をうたうサルフォード市を2010年に取材で訪れたときのことだ。若者の失業率、福祉への依存度が高いこの町で何人かの労働組合関係者を取材したのだが、必ず、サッチャー批判に行き着いた。その一人で組合の活動家、スティーブ・ノースさん（26歳）はサッチャー首相時代の直接的な記憶はほとんどないはずだが、彼女の名前を口にするだけで口調が激しくなった。「この地域は決して裕福ではなかったが、町には産業があった。よりまともな雇用の機会があり、人々のコミュニティ意識は強かった。多くの人が今もその良き日々のことを懐かしんでいる。しかし、1980年代にサッチャーが組合を潰し、町は衰退し、破壊された。市民にはサッチャーの責任という思いが非常に強いんだ」と。

インターネットでもサッチャーを哀悼する人々、ありったけの憎悪を表現しなければ気がすまない人々の間で対抗戦が繰り広げられた。反サッチャー派は、「イギリスを分断したサッチャーの死を祝おう」と呼びかけ、映画「オズの魔法使い」の名曲「鐘を鳴らせ！

悪い魔女は死んだ」をヒットチャートに入れるキャンペーンを展開。この曲は、サッチャー首相が1990年11月に議会で辞任演説を行った際、議事堂の外で群衆が歌ったものだった。反サッチャー派のキャンペーンは勢いを増し、音楽ダウンロード・チャートで本当に1位になってしまった。これに対抗し、サッチャー支持派は彼女を称える曲「私はマーガレット・サッチャーを愛している（I AM IN LOVE WITH MARGARET THATCHER）」を広めようとしたが、反対派の勢いにはかなわなかった。

サッチャーの対極的な評価の代表例を挙げるなら次のようなものだろう。

「彼女はイギリスを救った。女性首相として、全てのハンディを乗り越え、事を成し遂げた。平時としては最高の首相として歴史に名を刻むだろう」（保守党・キャメロン首相）

「我々が今日直面する全ての問題が、彼女が根本的に間違っていたことを証明している」（労働党・リビングストン前ロンドン市長）

一方で、政界にはサッチャーのレガシー（遺産）について一致点もある。彼女がイギリスの政治そのものを変貌させたということだ。労働党のエド・ミリバンド党首は「彼女は政治のセンターグラウンド（中道の軸）を動かした」と指摘した。サッチャー後に登場したブレア労働党は党綱領から「国有化条項」を削除し、サッチャーの経済政策を引き継いだ。イギリスから事実上、「労働者の党」は消えたのである。保守党のジェフリー・ハウ元外相は「彼女の真の勝利は、一つの政党（保守党）だけでなく、2つの政党（労働党も）を変貌させたことだ。サッチャリズムの多くが変更不可能なものとして受け入れられた」と述べている。

サッチャー首相は、公営住宅を居住者に割安で売却するという大胆な政策をとった。この政策により、イギリス国民の住宅所有率は1980年の55％から1990年には67％へ向上した。払い下げを受けた家庭はその後の不動産価格の上昇で大きな利益を得ることになる。資産を持った相乗効果もあるのだろう。サッチャーの首相在職中に国民の株式保有率も1979年の7％から1991年には25％へ急上昇している。すなわち、多くの有権者が新たにイギリス経済のステーク・ホールダー（利害共有者）となったのである。これにより、中流層が拡大した。守るべき資産を持った国民は中道寄りへシフトし、選挙に勝つために労働党も変わらざるを得なくなったのである。

ちなみに、2010年総選挙で初当選した保守党の新人議員の多くが「サッチャーの子どもたち」（作家ジェフリー・アーチャー氏による）と呼ばれている。彼女のレガシーは連綿として政界に生き続けている。

サッチャーの評価は白黒を簡単につけられるものではない。だが、イギリス全体としてはどう総括していると言えるのか。その指針として、一つのデータを示したい。労働党支持の左派系ガーディアン紙がサッチャー死去を受けて行った世論調査の結果である。サッチャーのもたらしたものを「良い」と「悪い」で聞いた結果は、「良い」が50％で「悪い」の34％を上回った。イギリス社会の多数派はサッチャーを好ましく評価していると言えるようだ。

フォークランド・スピリット　自信を取り戻せ

サッチャーの葬儀は彼女の意向に沿って２００９年から準備されていた。ならば、その葬儀には、祖国へのメッセージが込められているのではないか。こういう視点で見ると、葬儀の演出は明らかに一つの出来事にスポットを当てていた。首相就任４年目の１９８２年に起きたアルゼンチンとのフォークランド戦争である。

セントポール大聖堂へ向かうサッチャーの棺は途中、葬送のパレードのため霊柩車から砲車に移され、テムズ川沿いの旧王宮ロンドン塔では、１分間隔で礼砲が放たれた。使用された3台の大砲のうち2台は、フォークランド戦争で実際に使われたものだった。また、棺を載せた砲車の後ろには、海軍音楽隊とともにフォークランド戦争に従軍した部隊が続いた。サッチャーは自らの葬儀を通して国民にフォークランド戦争の記憶を蘇らせようとしたように思える。

まずは、簡単にフォークランド戦争を振り返りたい。南米大陸の南に位置するフォークランド諸島（アルゼンチン名マルビナス諸島）は、イギリスが１８３３年に植民地化して以来、アルゼンチンとの間で領有権問題がくすぶっていた。イギリスは１９６０年代になって国力の衰退が明らかになると、「統治は引き続き我々が行うが、主権はアルゼンチンに移譲してもよい」と譲歩を示すようになる。緊張が高まるのは、１９８１年12月、アルゼンチンにガルチェリ将軍の軍事政権が誕生し、経済政策の失敗から国民の目をそらすため、より強硬な姿勢を示すようになってからである。

そのガルチェリ軍政は１９８２年4月2日、ついにフォークランド諸島に侵攻。イギリスは即座に空母などを派遣し、激しい近代戦に突き進む。サッチャー首相は開戦を決意すると、閣僚や友好国が交渉や譲歩を促しても、一切の妥協を排除し、フォークランド諸島の奪還と軍事的勝利を追求した。その動機について、彼女はこう説明している。

「ありふれた独裁者が、女王の臣民を支配し、不正と暴力によって勝利を収めるのだろうか？　私が首相である間はそうはさせない」

サッチャー首相が「鉄の女」としての矜持《きょうじ》を示したのは、同盟国であるアメリカへの姿勢においてだった。戦後の英米関係は大西洋を挟んだ「特別な関係」と呼ばれるが、それは決して対等な関係を意味する訳ではない。20世紀初頭に世界の覇権がイギリスからアメリカへ徐々に移行し、第2次大戦後のイギリスは、アメリカを支える「ジュニア・パートナー」となる。

その兄貴分であるアメリカに対しても、サッチャーは毅然とした姿勢を押し通した。

フォークランド諸島の人口は当時約1800人で、牧羊と漁業以外に見るべき産業はない。盟友のレーガン米大統領はこの島々を「氷のように冷たくてちっぽけな土地」とその価値に疑問を呈し、戦闘回避に向けてアルゼンチンとの仲介を試みた。しかし、サッチャー首相は大統領に書簡を送って仲介を拒否する。

「侵略者に占領させたまま戦闘が回避できるなどと考えることは、絶対に大きな間違いです。それが、潜在的な緊張地域、世界の小国に対してもつ意味合いは、まことに深刻なものでしょう。自由世界がよって立つ根本的な原則を打ち壊すことになるのです」と。

イギリスは、本土から1万3000キロメートルも離れ、空母の派遣に3週間近くを要する南大西洋での戦争に2万8000人の兵力と艦船100隻を投入した。アルゼンチン軍は6月14日に降伏し、イギリス軍は勝利する。しかし、74日間の戦いで、イギリス軍255人、アルゼンチン軍649人もの死者を出した。この戦争は本当にその価値があったのか。この点を問うなら、サッチャー首相は明らかにイギリスの領土、主権を守るという目的を越えて、より大きな歴史的文脈からこの戦争の意義を見ていた。それは、イギリスの国家精神に関わることであり、ある巨大なトラウマの克服を意味した。

サッチャー首相は『サッチャー回顧録』で語っている。

「イギリスの存在が小さくなったことのもっとも苦痛に満ちた経験といえば、1956年のスエズ運河事件における敗退である。……それは、イギリス人の魂に入り込み、世界におけるイギリスの地位に関する国民の見方を歪めることになったのだ」「イギリス政府と外国政府の暗黙の想定は、世界におけるイギリスの役割は縮小する一方の運命にあるというものだった。イギリスは友からも敵からも、戦時はおろか平時でも、自国の利益を守る意思と能力のない国だと見なされていた」

スエズ運河事件（スエズ危機）とは、イギリスの植民地主義的行動が粉砕され、名実ともに大英帝国が消滅する契機となる事件だった。1869年に完成したスエズ運河は、フランス人レセップスが主導して建設。イギリスはエジプトを間接的に統治し、運河一帯に軍を駐留させて管理していた。スエズ運河は欧州と中東、アジアを結ぶ世界経済の大動脈であり、イギリスにとっては本国と植民地をつなぐ交通・通信の中継点だった。スエズ運河と、それが通るエジプトの支配なくして、大英帝国の効率的な管理は成り立たなかったのである。危機当時のイーデン首相（在職1955～1957年）は、スエズ運河を「大英帝国の頸静脈」と呼び、その死活的な重要性に言及している。

当時は世界的に反植民地主義が盛り上がり、イギリス軍はすでに中東各地から撤退を始め、エジプトからも撤退を余儀なくされていた。こうした時代状況の下、エジプトは1956年7月、国際管理下にあったスエズ運河の国有化を宣言する。ナイル川にアスワンハイダムを建設する資金を、運河通航料で調達するのが目的だった。アスワンハイダムの建設は国家開発のために電力供給源を確保するという、新生エジプトが威信をかけた一大プロジェクトである。

これに対し、イギリスとフランス、イスラエルの3ヵ国はスエズ奪還に向けてハリウッド映画顔負けの謀略を企てる。イスラエルがまずエジプトに侵攻し、両軍の兵力引き離しを名目に英仏両国がエジプトに侵攻。平和維持を目的にスエズ運河地帯に駐留するという作戦だった。3ヵ国の代表はパリ郊外で密会し、「記録は残さず、関係者は生涯秘密を明かさない」という取り決めのもとで計画は練られた。軍事作戦の狙いは、クーデターでエジプトの政権を握っていたナセルの打倒でもあった。ナセルはアラブ民族主義の若きリーダーであり、イギリスをエジプトから追放することを子どものころから夢見ていた。イギリス植民地主義にとって手強い敵だった。

作戦は、1956年10月29日にイスラエル軍の空挺団がエジプト・シナイ半島に空から侵攻、英仏軍が11月5日これに続いて進軍し、順調に進むかに見えた。しかし、思わぬところで挫折する。反植民地主義の看板を掲げ、欧州植民地勢力の中東地域からの追い出しを狙っていたアメリカの猛烈な反発である。アイゼンハワー大統領は、3ヵ国の武力介入に激怒し、停戦と即時撤退を求めた。一方で、ナセル大統領は、スエズ運河に50隻近い船を沈めることで運河の通航を不可能にする「スエズ封鎖」という奇策に打って出る。

この事態に、マーケットは敏感に反応した。イギリスの通貨ポンドは売られて暴落。スエズ運河の閉鎖で中東からイギリスへの石油供給も止まる。輸入石油に依存していたイギリスは、アメリカから石油を緊急輸入する必要に迫られるが、ドルが不足して代金がない。イギリスは追い込まれ、アメリカと国際通貨基金（IMF）にドル融資を求める。その際、ハンフリー米財務長官はイギリス側にこう言い放った。

「スエズから撤退するまで、あなたたちは一文たりとも受け取ることはできない。あなたたちは他人の家に押し入った強盗のようなものだ。だから、出ていきなさい」

アイゼンハワー大統領から撤退を求められたイーデン首相は謀略の片棒を担いだフランスのモレ首相に電話し、こう漏らしたという。

「私は追い込まれてしまった。みんなが私に反対している……。英連邦は（加盟国の反発で）分裂しそうだ。私は、（英連邦首長の）女王の墓掘り役にはなりたくない。アイゼンハワーが私に電話してきたんだよ。私はアメリカ抜きに進むことはできない」

イギリスの敗北宣言である。負けた相手は、エジプトではなく、同盟国のアメリカだった。そして、最大の敗因は、外貨準備が不足したイングランド銀行の「金庫」にあった。

イギリスとフランスはそれぞれ1万3500人と8500人の兵力を投入した挙げ句に、エジプトからの撤退を強いられた。この前代未聞の謀略と、それに続く屈辱的な撤退は、イギリスの歴史に大きな汚点として刻まれる。事態は、イーデン首相を辞任に追い込んだだけでなく、イギリスの国際社会での評価を地に落とし、これを機に、イギリス軍のスエズ以東からの撤退（1971年）と大英帝国の衰退が加速していくのである。イギリスは、反植民地主義というあらがえない時代の潮流を読み誤ったのである。

スエズ危機はイギリス社会を引き裂き、国民は自信を失い、内向きになった。若者らが政治を蔑視する風潮も生まれた。それは、ベトナム戦争がアメリカを内向きにした「ベトナム症候群」に擬せられ、「スエズ症候群」と呼ばれることになる。

興味深いのは、イギリスとフランスがスエズ敗北の屈辱から全く異なる教訓を学んだことだ。イギリスはこの後、アメリカには逆らえないと対米協調路線へと一層傾く。これに対し、フランスはアメリカと距離を置いて独自外交を進めるドゴール主義へと向かうのである。

◇　◇　◇

こうしたイギリス戦後外交史の文脈にフォークランド戦争を位置づければ、その意義は自ずと見えてくるだろう。

サッチャーは、戦勝に沸き立つ国民に呼びかけた。

「我々は衰退する国家であることに終止符を打ったのです」「頭を上げて、イギリス人であることを誇りに思いましょう」

戦後イギリスでは、国家の衰退とともに政府や教会、学校などの社会組織も権威を失っていた。フォークランド戦勝により、国民はサッチャー首相に政治指導者の「威厳」を見たのだろう。ロンドンでの戦勝パレードでは、多くの建物にユニオン・ジャックが再び誇らしげに掲げられた。サッチャー首相は、イギリス国民が一丸となって戦争を遂行したこの精神を「フォークランド・スピリット」と呼んだ。

サッチャーが自らの葬儀に国民へのメッセージを込めていたかどうかは分からない。しかし、リーマン・ショック後、イギリス経済が低迷し、超緊縮財政が敷かれていた時代状況を思うと、「フォークランド・スピリットを忘れるな」と国民に檄を飛ばしていたとしても不思議ではないように思えてくるのである。

「The Empire Strikes Back（帝国が逆襲した）」。アメリカのニューズウィーク誌（１９８２年4月19日号）がフォークランド戦争でひねり出した見出しだ。フォークランド戦勝とは、帝国の喪失とともに老大国化への道を転がり落ちていたイギリスの反転攻勢を意味したのである。

◇　◇　◇

フォークランド戦争はまた、サッチャー首相個人にとっても「救世主」となった。一国の指導者には必ず、事の軽重はあれ、それを乗り越えることができるかどうかが命運を左右する「真実の時」が訪れる。サッチャーにとって、フォークランド戦争がまさに、そうだった。

サッチャー首相の支持率は、就任1年半後の1980年末に23％まで落ち込んだ。これは当時、記録が残る中で最低の首相支持率だった。大胆な歳出削減策がまだ効果を表さず、経済が悪化を続けていたからである。日本でなら、首相の命運が尽きている支持率だろう。しかし、サッチャーはフォークランド戦争での勝利により、史上最も人気のない首相からほぼ一夜にして「英雄」へと転じるのである。この戦勝なくして、サッチャーは歴史に大きな業績を残す宰相とはなりえなかった。

サッチャーが舵取りを引き継いだ時、この国は「イギリス病」に苦しみ、「欧州の病人」と侮辱されていた。財政赤字が膨らみ、インフレは止まらない。労働組合が力をもち、国民は悪平等と高福祉で勤労意欲を低下させていた。第2次大戦でGDPの2倍を超す債務を抱え込みながら、積極的な財政支出により「揺りかごから墓場まで」で知られる福祉国家を運営することには無理があったのだろう。何度も通貨ポンドの切り下げを強いられ、1976年にはIMFの救済を仰いでもいる。ケインズ主義に基づく「大きな政府」路線の行き詰まりは明らかだった。

その処方箋として、サッチャー首相は、市場への資金供給量を減らすインフレ対策に固執した。マネタリズム（通貨政策第一主義）と呼ばれる経済政策である。その理論とは、「政府の経済管理で重要なものは通貨供給量（マネー・サプライ）だけであり、これは科学的に計量できる。インフレさえ管理できれば、失業や生産性の問題は市場により自ずから解決する」というものだ。その著名な主唱者である米国の経済学者、ミルトン・フリードマンは1976年、ノーベル経済学賞を受賞し、脚光を浴びていた。しかし、当時はまだその実際的な効果は未知数であり、世界でマネタリズムを採用していたのは軍事独裁政権のチリぐらいだった。

サッチャーの経済政策が大きな効果を見せるのは、ようやく、フォークランド戦勝から2年後の1984年のことである。1970年代中盤から15%前後で推移していたインフレ率は1982年に8・5%まで低下していたものの、失業者は300万人を超え、1930年代の世界大恐慌以来の失業率の高さとなっていた。フォークランド戦勝で支持率が高騰したサッチャー首相は1983年に総選挙を実施して大勝し、政策継続の余裕を得る。失業者数が330万人で頭を打つのはその翌年。彼女の経済政策の代名詞となったロンドン証券取引所を中心にした金融規制緩和「ビッグ・バン」が実施されたのは再選から3年後の1986年で、イギリス経済が力強い回復を見るには1987年まで待たねばならなかった。

この間、ロンドンの黒人居住区やリバプール、マンチェスターなどでは若者の失業増を背景に暴動が発生。反サッチャー派は彼女の政策をもじって「サドマネタリズム」と罵り、著名な経済学者364人が連名で新聞にサッチャー批判の寄稿を行っている。

しかし、サッチャーはひるまなかった。フォークランド戦争の2年前、経済政策の転換を求める強い逆風が吹き荒れた1980年の保守党年次大会で、サッチャー首相は並み居る男性党員を前に「鉄の女」として面目躍如の名演説を行うのである。

「あなたたちが望むなら、どうぞ、引き返しなさい。女は引き返しません」

The Lady's Not for Turning. 名セリフは、いつもシンプルである。BBC（英国放送協会）がサッチャー追悼の特集番組でエンディングに流した映像は、この場面だった。

サッチャーは、フォークランド戦争に勝利することで、イギリスの歴史的軌道だけでなく、東西冷戦という世界史の軌道、世界経済の構造を変える時間を得たのである。フォークランド戦争とは、そういう戦争だった。エリザベス女王は、サッチャーに様々な感情を抱く中で、その業績が世界に与える影響には魅了されていたという。

大英帝国が生んだ「鉄の女」

サッチャー政権誕生直前の1978年から1979年にかけてのイギリスの社会情勢は、「不満の冬」と呼ばれた。労働党政権下で、労組はスト攻勢に出て、ゴミは収集されず、遺体は埋葬されないという絶望的な光景が広がった。政治も社会も、統治不能になり、進むべき方向を完全に見失っていた。長い混乱の中で、当時のイギリスは、コンセンサス政治に代わる新たな政治を渇望していた。自明の理として、コンセンサスによる大改革など期待できないからだ。通常なら否定的な評価でしかないサッチャーの非妥協性も、強みとなり得る時代状況だった。

それでは、サッチャーとはいかなる人間だったのか。この問いに向き合うとき、いくつかの疑問にぶつかる。例えば、彼女は女性初の首相でありながら在職11年半の間に一人の女性も閣僚に起用していない。彼女がフェミニズムでは語られない理由である。一方で、弱者切り捨ての冷たい印象を与えながらも、フォークランド戦争中はベッドで眠ることはなく、夜中に戦争遺族への手紙を書き続けた。ジェントルマン層の閣僚らを威圧し、同調しない閣僚らを平気で追放しながらも、私生活では夫デニス氏（2003年死去）の妻として、双子のマークとキャロルの母としての役割を果たした。1日4時間睡眠で職務をこなしながらも、官邸兼公邸での私生活ではお手伝いさんを雇わなかった。「首相になった究極の主婦」。パンやミルク、バターの価格動向を把握していたサッチャーはそう呼ばれたこともある。

その生い立ちから、人間サッチャーに迫ると、彼女が目指したものとは、イギリスが最も繁栄したビクトリア時代の価値観への回帰だったように見える。それは、「天は自ら助くる者を助く」で知られるサミュエル・スマイルズの自助努力の理想であり、国民が勤勉、質素で、愛国心に満ちた、家族を中心とする価値観だ。そこに、エリザベス女王とサッチャーという2人の女性の接点が見えてくるのである。

サッチャーは戦間期にイギリス中部リンカンシャー州のグランサムという田舎町に生まれた。父親アルダマン・アルフレッド・ロバーツは食品雑貨屋を経営し、敬虔なキリスト教徒（メソジスト派）だった。政治に強い関心を持ち、後に、地元の町議会議員を経て町長になっている。階級社会のイギリスでは、中流階級の真ん中より下に属する家庭だろう。サッチャーが子ども時代を過ごした雑貨屋兼自宅には、屋内トイレもなかった。

父親には宗教に裏打ちされた厳格さがあり、「より良い明日のために今日を犠牲にしなさい」が口癖だった。彼女の価値観形成に最も大きな影響を与えたのは、この父親だった。

彼女は回顧録で振り返っている。

「食料品店主としての私の父の経歴が私の経済哲学の土台をなしていると時々引き合いに出される。……私の父は実際家であると同時に理論家であった。彼は四つ角にある自分の店の成長を国際貿易の大きく複雑な世界に結びつけるのが好きだった。国際貿易は、グランサムの一家がインドのコメ、ケニアのコーヒー、西インド諸島の砂糖、5つの大陸からの香料を食卓に置くことを可能にするために、世界中の人々が参画する営みだった。私は偉大な自由主義経済学者の書いたものを読む以前から、父の話によって自由市場は巨大で感度の高い神経系のようなものであることを心得ていた」

イギリスには、大英帝国というグローバル・ネットワークを通じて世界各地から農産品が流入していた。逆に言うと、イギリスは、植民地から安価な食料品の輸入が可能になったため、半ば国策的に国内農業を切り捨てていたのである。

彼女は奨学金を得て、グラマー・スクールと呼ばれる公立の英才教育校へ通い、オックスフォード大学で化学を専攻。彼女は後に「女性初」ではなく、「科学研究者として初」のイギリス首相であることをアピールするが、事実と細部を重視する科学的思考は政治家としても生かされたようである。意外に思うかもしれないが、地球温暖化問題を最初に警告した政治指導者は、サッチャー首相である。彼女は1989年11月、ベルリンの壁が崩壊する直前の国連総会でこう演説している。

「人間はかつてないほど温室効果ガスを大気中に放出しています。我々の惑星の環境にダメージを与えているのは、人類の活動なのです……ユーフラテス川が氾濫し、人類がエデンの園から追い払われるかもしれないのです」

聴衆は、経済効率最優先のサッチャー像とはかけ離れた演説内容に当惑した様子だったという。

子ども時代から自由市場経済とは何であるかを体験的に学んできたサッチャーの思考を理論武装したのは、オーストリア出身の自由至上主義（リバタリアニズム）経済学者、フリードリヒ・ハイエク（1899〜1992年）の思想である。彼女は大学の保守党協会会長を務めた学生時代に、ハイエクの著作『隷従への道』（1944年）に感化される。この本は、ナチズム、ファシズムなどの全体主義と社会主義は根っこが同じだと説く。ともに自由経済を敵視し、計画経済を進めるという点で本質的に共通するという指摘であり、政府の経済への介入は権威主義国家へ通じる道であると警告する。政治家となったサッチャーは、ハイエクの著書を片手に保守党本部で「これこそ我々が信じるものよ」と叫んだらしい。彼女の社会主義、共産主義への敵意と「自由」「市場」への揺るぎない信仰、現代の社会問題の根本的な原因は政府が多くのことをやり過ぎることであるという「小さな政府」への信仰は、生い立ちも含め長年にわたって育まれたものだった。

イギリスには「自由」を尊重する精神が脈々といきづいている。ジョン・スチュアート・ミルの著書『自由論』は「進歩をもたらす確実で永続的な源泉はただひとつ。自由である」と説く。イギリス社会の長年の知的蓄積があって初めて、サッチャーという人物が生まれたのである。

◇　◇　◇

大学卒業後、サッチャーの初期の職業人生はぱっとしない。食品メーカーの研究室でアイスクリーム作りを担当しても成功せず、税務弁護士に転身。保守党から2度総選挙に出馬するがいずれも落選、という具合だ。こうした中、彼女の人生の転機となるのが、離婚歴のある実業家デニス・サッチャー氏との出会いだった。彼との結婚で2人の子どもに恵まれた。資金援助だけでなく、精神的サポートも得て、サッチャーは1959年に保守党の牙城であるロンドン北部フィンチェリー選挙区から下院議員に初当選を果たした。

そのサッチャーが国民の耳目を集めるのは、1970年にヒース政権で教育相に就任してからだ。予算削減のため、学校でのミルクの無料提供を廃止し、「マギー・サッチャー、ミルク・スナッチャー（牛乳ひったくり）」と呼ばれ、国民の大不興を買った。この出来事が「弱者に冷たい政治家」というイメージを生み、その後の典型的なサッチャー像の原点となる。しかし、後年、無料ミルク廃止は財務省の方針であり、サッチャー教育相は実は反対していたということが明らかになる。当時、彼女は世論の厳しい批判に相当心を痛めていたようだ。

政治家サッチャーは、作られたイメージの部分も大きい。首相就任前の1976年1月、ロンドンでの党首演説で「ロシア人は世界を支配するつもりだ。ソ連は急速に最強の帝国主義国家となる手段を手にしつつある」と訴えたことを捉え、ソ連のレッド・スター紙が「鉄の女」と呼ぶと、彼女はそのイメージを積極的に利用した。彼女は嬉々として「ロシア人は私を『鉄の女』と呼んだが、それは正しい」と語っている。この言葉が醸し出すイメージが、政治家サッチャーにとっては極めて好都合だと自覚していたからだろう。

1979年総選挙では、テレビ時代の政治を強く意識し、大手広告代理店のスキルをフルに活用した。2週間で体重9キロを減らすダイエットを行い、ブロンド髪をアピールするため帽子を被るのも止める。彼女の本来の声は甲高いが、より指導者らしく話すため、ボイストレーニングも受けた。サッチャーは学生時代にも、生来のリンカンシャー訛りを矯正する訓練を徹底的に行っている。英語の母国イギリスでは、どんな英語を話すかが問われるからだ。イギリスでは、階級や地方ごとの訛り（アクセント）が強く、話す英語で階級や育ちが知れてしまうのである。

余談になるが、英語はフランス語のように言語が国家管理されていない。英語＝Englishとは、現在のドイツの一地方から大ブリテン島に移住してきたアングル族＝Angleの言葉という意味だ。その英語がイギリスで公式なステータスを得てから、わずか600年しか経っていない。国王ヘンリー5世がラテン語やフランス語ではなく英語を政府文書に初めて使ったことで公用語となったのだった。管理されない言語は相当に乱れたようで、『ガリバー旅行記』で知られる文豪ジョナサン・スウィフトは1712年、「英語は混沌状態にある」と政府に苦言を呈している。イギリスで「標準語」という発想が生まれるのは、ラジオ放送が始まり、アナウンサーがどういう言葉を話すべきかが問われてからのことだ。公共放送BBCが1926年に委員会を設置し、オックスフォード大やケンブリッジ大（二つ合わせてオックスブリッジと呼ぶ）で話される英語をアナウンサーが使う言葉と決めたことを経て、BBC英語が標準語と見なされるようになった経緯がある。しかし、近年ではポリティカル・コレクトネス（政治的公正）の圧力からか、BBCは地方訛りの強いアナウンサーも起用するようになっている。

サッチャーには、独自のスタイルがあった。あまり語られないが、女性政治家としてのサッチャーである。いつもスーツ姿で決めた隙のない身だしなみ。その姿は知的でありながら、フェミニンでもあった。欧米の男性政治家の中には、彼女が女性としてセクシーだと思った人も少なからずいたようだ。フランスのミッテラン大統領（当時）は、サッチャーを「カリギュラ（暴虐非道のローマ皇帝）の目とマリリン・モンローの唇」を持つ女性だと表現している。

◇　◇　◇

一方で、「非妥協の女性宰相」をアピールしたのがハンドバッグである。サッチャーは怒ると所構わずハンドバッグを振り回した。首相就任直後、サッチャーはイギリスの欧州共同体（EC）への拠出金が高すぎると主張し、首脳会議でその一部払い戻しを求めてハンドバッグを振り回し、まんまとお金を取り戻したというエピソードは有名だ。また、閣議の際、テーブルの彼女の席にはハンドバッグのみが置かれていたことがあり、ある閣僚が「みなさん始めませんか。ハンドバッグはここにありますから」と会議を始めたこともある。

サッチャーは、女性であることを逆手にとり、男性支配社会に挑んだ。非妥協の「鉄の女」というイメージも、サッチャーの化身となったハンドバッグも、それに必要なアイテムだったのである。

サッチャーが首相を務めた1980年代の保守党は、いわゆる上流階級のジェントルマンが中核をなしていた。名門私立男子校イートンなどのパブリックスクール出身者らである。パブリックスクールでは、弱虫や泣き虫を軽蔑して「ウェット（Wet）」と呼ぶが、サッチャーは自らの財政緊縮策に抵抗する閣僚をウェットと呼び、手加減しなかった。

ウェット達は、サッチャーにとって都合が良かった。「レディ・ファースト」的なしつけをたたき込まれた彼らは、女性と議論を戦わせるのはジェントルマンのマナーに反するという上流階級の流儀を身につけていたからである。サッチャーは、男たちのこの「弱み」につけ込んで保守党の中で台頭し、内閣をコントロールしたと指摘する声もある。サッチャーの外交顧問を務めたパウエル卿は「彼女は多くの状況で女性であることを非常にうまく使った。彼女は、パブリックスクール卒業のイギリス人男性は女性と論争するようには仕付けられていないということを知っていた」と説明している。

サッチャーは首相在職中、一人の女性も閣僚に登用しなかったことは先に触れたが、その理由はもう明らかだろう。サッチャーの人生を描いた2012年公開の映画「アイアン・レディ（邦題「マーガレット・サッチャー　鉄の女の涙」）」でサッチャー役を務めたメリル・ストリープはその理由を端的に語っている。

「サッチャーは女性のパワーを理解していた。彼女は、部屋の中でただ一人の女性であることを本当に愛していた」

それでは、当のサッチャーは女性であることをどう意識していたのだろう。彼女の主張も紹介しておきたい。

「彼ら（政界の男性）は〝弱い性〟に対してさまざまな手加減を加えることにかけてはいつでもやぶさかではない。しかし、もしある女性が何の特権も要求せず、その存在や行動だけで判断してもらいたいと主張すると、それは深刻に、かつ許せないほどに彼らを当惑させる。もちろん、〝ウェット〟の保守党主流の目には、私は単に一人の女性であるだけでなく、〝あの女性〟、すなわち性が違うだけでなく、階級が違う人間であり、上流階級のコンセンサスの産物であった問題にイギリス中流階級の価値観や徳目が影響を与えるべきだという、驚くべき信念の持ち主に映った。私は多くの点で彼らの気に障ったのだ」

女王が示した不仲説への無言の答え

イギリスの首相は毎週1回、女王と会見し、内政・外交の諸問題を報告、意見を交わす義務がある。女王は政治に介入しないのが原則だが、この制度を通して間接的に影響を与える余地は残されている。女王が特定の問題について質問を繰り返したり、何かを示唆することで、首相が考えを変える可能性は十分にあるという意味においてだ。会見の場には誰も同席せず、その中身は決して明らかにされない。この枠組みで、サッチャーは11年間にわたり、毎週のように女王とさまざまな会話を重ねてきた。そこで何が話し合われたのか。2人の関係はメディアの関心の的だった。それはときに、男性支配社会の好奇の目にさらされ、憶測を呼びながら。

◇　◇　◇

イギリスの著名なジャーナリスト、アンドリュー・マー氏はその著書『THE DIAMOND QUEEN』で、女王とサッチャーの関係についてこう記している。

「2人の関係を見守った大勢の経験豊富な政治家や官僚、廷臣らは（マー氏の取材に対し、長い沈黙と苦悩の表情を浮かべた後で）まず、こう同意する。それは、〃難しかった〃と」

彼の観察によると、王室は1970年代には左翼の嘲りを受け、80年代には保守強硬派の敵意に直面した。サッチャー主義者は、メリトクラシー（能力主義）のアメリカをモデルとみなした。アメリカとは富が世襲されるのではなく、個人の努力で生み出される場所だ。メリトクラシーは世襲制の王室とは相容れない。

2人の関係については、その過激さで知られるイギリスのメディア、ジャーナリストもどこか言葉遣いが慎重となる。例えば、女王はサッチャーについて「困惑」していたとか、2人の当初の関係は「ぎこちなかった」「気まずかった」という具合だ。こうなる理由は明快で、その実態がブラックボックスの中にあり、それを垣間見た限られた人々は往々にして上流階級の人が多く、言葉遣いがそもそも慎重だからだ。直接的な表現ではなく、物事をニュアンスで伝えるのがイギリス上流階級の特徴である。

マー氏の著作によると、イギリスの頂点に2人の女性が立ったことで、どのイベントにどちらが出席するかなどをめぐり両サイドの間で当初、真剣なやり取りがあったという。サッチャーは女王と同じイベントに出席する場合は、服装が似ないよう事前に確認しようとした。しかし、王室側の対応は、女王が一般人の服装を気にすることはない、という突き放したものだったという。

2人は階級が違うだけでなく、個性もはなはだ異なる。そのことを象徴的に示すエピソードがある。イギリスの首相は毎夏、女王が滞在するスコットランド北東部のバルモラル城へ夫妻で招待される。そこでの出来事である。

働き蜂のサッチャーは、バルモラル訪問を利用してスコットランドで保守党関連の会合などの予定を入れるのが常だった。そんな仕事中心のサッチャーをもてなすのは、やっかいだったようだ。

あるとき、サッチャーをお城周辺の散歩に誘うことが提案された。その際、女王はこう答えたという。

「サッチャー夫人は道路の上しか歩かないでしょう」

イギリスの上流階級にとって、田園地帯で休暇を過ごすことは、その身分証明書のようなものだ。ハンティングや魚釣り、乗馬、ポロなどは、俗に言う貴族的なスポーツである。サッチャーが属した保守党は上流階級のイメージが強いが、イギリスの保守には2通りがある。上流階級に代表されるカントリーライフ派と、市場経済を信奉する自由主義者である。後者は、金融街シティでバリバリ働くようなタイプであり、自由主義の御旗を掲げる経済誌「エコノミスト」の名前を冠してエコノミスト派とも称される。サッチャーがどちらに属すかは言うまでもないだろう。

バルモラル滞在2日目の夕食は、女王夫妻がバーベキューで客をもてなすのが定番だ。そこでは、夫のフィリップ殿下がバーベキューを調理し、女王自らが食器類を配り、料理を給仕する。女王が一般人のように振る舞うその様子は、招かれた人々にとって衝撃的なようだ。サッチャーもその様子に驚き、何度も立ち上がって女王を手助けしようとした。そのお節介ぶりに苛立った女王は、「どなたかその女性に座るよう言ってもらえませんか」と諫めたという。

首相退任後も、2人の摩擦は時に表面化した。サッチャーがある会食の席で、労組にはいかに対処すべきかを説き始めると、女王は「お暇《いとま》する時間がきましたわ」と席を立ったという。サッチャーは徹底的な炭鉱労組潰しを行ったが、女王には炭鉱コミュニティへの同情があったといわれる。炭鉱は産業革命をエネルギー面で支えた基幹産業として、イギリス社会にとっては特別な存在感がある。女王の個人秘書を務めたチャートリス卿は「女王は、対立的な政治より、ある種のコンセンサスによる政治を好んでいた」（ウィリアム・ショークロス著『Queen and Country』）と証言している。

女王とサッチャーをめぐるエピソードは多々あるが、2人の「亀裂」を国民に強く印象づけたのが、日曜紙サンデータイムズの記事だった。同紙は1986年7月20日、女王側近の話として、女王がサッチャー首相の弱者に冷たい政策に困惑している、と一面で報じる。その内容は、＊女王はサッチャー首相のことを人情味がなく対決的、社会分断的だと思っている＊炭鉱ストへの厳しい対応に際し、社会構造への影響を懸念している＊人種差別政策アパルトヘイトを敷く南アフリカへの制裁問題でサッチャー首相と意見を異にしている、など。サンデータイムズにリークした「側近」とは、バッキンガム宮殿の報道官であることがその後明らかになったことで、報道の真偽やリークの意図をめぐり、大きな注目を集めたのだ。

女王の報道官は、記事の内容について「全く根拠がない」と否定。真相は藪の中だが、報道官がこの直後に辞任したことから、記事の内容は真実味を帯びるのだった。

サンデータイムズの記事は南アフリカをめぐる2人の立場の違いに触れたが、溝が顕著だったのは、旧植民地を中心に構成する英連邦への対応だった。その首長として女王は熱心な英連邦の擁護者である。王女時代の1947年、南アフリカのケープタウンから英連邦諸国へのメッセージを送り、「ここに誓います。長くとも、短くとも、この生涯をみなさんに、そして私たちが属する英連邦に捧げることを」と宣言した。

◇　◇　◇

英連邦（コモンウェルス）は、1931年のウェストミンスター憲章により、カナダやオーストラリア、ニュージーランドなど大英帝国内の白人自治領とイギリスの連合体としてスタートした。憲章は「民主主義・人権・法の支配」という価値の共有をうたう。背景には、1929年に起きた世界大恐慌がある。第1次世界大戦の戦費で経済的に疲弊していたイギリスには、ニューディール政策を打ち出したアメリカのように独力で恐慌を乗り切る力は残されていなかった。イギリスは「帝国の紐帯」に目を付け、英連邦をベースに帝国特恵関税を導入することで、経済ブロックを形成していくのである。

英連邦は第2次大戦後、大英帝国が急速に縮小していく中で、旧植民地諸国との家族的絆を維持する「名誉国際組織」的性格を強める。それは、大国としての体面を保つ役割を担ったという意味において、大英帝国の「虚栄のかがり火」と呼べるのかもしれない。

先進国も途上国も対等な立場で参加し、その人種・宗教構成は多様であり、国際横断的に約20億人の人口を網羅する国際組織は他に類を見ない。2年に1度首脳会議を、4年に1度スポーツ競技大会を開いてもいる。とは言え、国際政治、経済への実体的な影響力はほとんどないのが実態だ。

しかし、エリザベス女王にとっては極めて思い入れの強い組織である。父ジョージ6世が死去した際、英連邦の行方には不透明感が漂った。ジョージ6世は、1949年の英連邦ロンドン宣言で首長に就いたが、この宣言は首長の後継問題には触れておらず、後任国王が自動的に就任するという取り決めはないからだ。さぞかし女王はやきもきしていたことだろうが、このとき、事態を動かす鶴の一声が意外な所から飛び出す。イギリス植民地主義による搾取の象徴とされ、独立後まもないインドのネルー首相が「エリザベス女王を英連邦の首長にすべきである」と声を上げたのである。彼の主張に他国も追随し、女王が首長に就任する。エリザベス女王が英連邦首長就任を宣言したのは即位から10ヵ月後の1952年12月6日のことだった。

女王の首長就任後、旧植民地の独立などに伴い、英連邦の加盟国は7ヵ国から53ヵ国に増えている。このうち、女王が国家元首も兼ねるのはイギリスを除いて15ヵ国。女王にとって、身の周りのほとんど全てのことが世襲である中、英連邦は女王が大きく育んだものだ。大英帝国の栄光を今につなぎ止める英連邦の意味が、国家元首の女王にとって小さくないことは想像に難くないだろう。

◇　◇　◇

一方、サッチャーにとって外交における英連邦の優先順位は低かった。英連邦の加盟国には、イギリスから独立後、社会主義者が率いる国も多々あった。サッチャーにとって社会主義は忌むべきもの以外の何物でもなかった。

1979年7月、アフリカ・ザンビアの首都ルサカで開かれた英連邦首脳会議は、女王が「君臨すれども統治せず」の存在であっても、現実の政治・外交に影響力を持ち得る好例として記憶される。この首脳会議では、白人政権と独立派の黒人勢力が対立する南ローデシア（現ジンバブエ）紛争への対応が最大の課題となった。イギリスのキャリントン外相は、紛争解決の腹案をしたためていたが、サッチャー首相は関心を示さない。マイケル・ヘーゼルタイン元国防相の回想によると、この時、陰で動いたのがエリザベス女王で、キャリントン外相を助け、サッチャー首相の関心を彼の腹案に向けさせたのだという。

ルサカ会議では、南ローデシア紛争の解決策を話し合うために対立各派がロンドンで会議を開くことなどを取り決めた。その会議は3ヵ月にわたる交渉の末、総選挙により新政府を築くことで合意し、戦闘は終結する。予定通り1980年に行われた総選挙の結果、ロバート・ムガベ氏が首相に就任し、国名も南ローデシアから現在のジンバブエへと変わった。その後、ムガベ氏が独裁へと傾いていくという後日談はあっても、会議自体は大きな成功を収めたのである。

当時の英連邦首脳会議では、旧植民地諸国の首脳らがイギリス政府を厳しく批判するのが常で、イギリスの首相にとっては居心地の良い会議ではなかったようだ。サッチャー首相はエリザベス女王にルサカ会議に出席しないよう助言したが、女王はこれを拒み、会議に出席している。

エリザベス女王は英連邦首脳会議に出席する50ヵ国前後の首脳全員と個別に会見するのが常だ。全ての首脳に公平に5分前後の時間を割き、彼らの〝陳情〟を受けるという。

君塚直隆氏の『女王陛下の外交戦略』によると、キャリントン氏はルサカ会議についてこう語っている。

「会議での女王の対応のしかたには目から鱗が落ちるような思いがした。陛下は、首脳たちの一人ひとりとまったく同じ時間で個別に次々と会見を済まされた。このときから、会議全体の空気が大きく変わったのである。陛下の極意とは、誰にたいしても平等に接するということだった。イギリスだからといって優先順位が与えられるわけではなく、それが他の参加国にとっても大きな驚きをもたらすのだった」

　1977年の首脳会議に出席したイギリスのオーウェン外相は「陛下がアフリカの首脳たちに示された態度は驚愕すべきものだった。陛下は、われわれ外相には言えないことをおっしゃり、やれないことをなされた。彼ら首脳たちは、陛下の公正な判断力に信頼を置き、彼女個人にたいして尊敬の念を抱いていた。陛下は、コモンウェルスの問題はご自身の問題でもあるのだと認識しているという印象を首脳たちに与えておられた」と語っている。

　様々な機会に吹き出した女王とサッチャーの不仲説。サッチャーはこの点を回顧録でさらりとかわしている。

「マスコミはバッキンガム宮殿とダウニング街との間には不和があるというようなことをいいたくてしょうがないようだったが、私の見るところ、政府の動きに対しての女王の姿勢は常に正しかった。もちろん、〝力ある2人の女〟の衝突というつくり話は、放っておくにはあまりにも面白い話題だったのだろう。おしなべて、私の在任中、〝女だから〟ということにまつわるたわごとが、ほかの何事にもまして書き立てられた」

◇　　◇　　◇

　女王とサッチャーの個人的な関係にばかり注目が向かう中で、サッチャー革命と並行し、静かな「王室革命」が進行していたことは見逃せない。サッチャー革命の真髄である「効率化」「近代化」が王室にも波及したのである。

即位以来、エリザベス女王を悩ませてきた問題の一つが王室費をめぐる国民の厳しい視線だった。王室財政は、大きく分けて3つの収入から成っていた。

まずは、「シビル・リスト（王室費）」と呼ばれる国庫からの支出である。複雑なのは、国庫と言いながらも、国民の税金ではないことだ。イギリス王室は、現在の王室の起点であるノルマン征服（1066年）のウィリアム1世以来保有する不動産を「クラウン・エステート（王室地所）」として保有する。長い歴史の過程で、土地の多くが臣下への論功行賞として分配され、時代とともに縮小してきたが、現在でも、＊イギリスの海岸線の2分の1＊12マイル以内の全ての海底＊全国450の農地や森林＊ロンドンの一等地リージェント・ストリートを筆頭にする商業地などを所有し、その資産額は2013年で94億ポンド（約1兆6920億円）と報告されている。この不動産から得られる収入は国庫に入り、ここから議会の承認を経て王室運営費がシビル・リストとして配分されてきた。この制度は、1760年に国王ジョージ3世が同意して以来続いてきたものだ。

政府の王室予算では他に、宮殿などの施設管理・修繕費と女王らの旅費が別枠であった。また、王室は一部の不動産や金融資産の私有を認められており、女王はこうした自由に使えるお金を競走馬育成などの趣味やその他の王族の扶養などに使っている。

財政問題が頭痛の種だったのは、シビル・リストの予算額が毎年、インフレ調整などのため議会承認を必要としたからだ。議会審査の度に、メディアや世論の関心を集め、論議を呼ぶ。シビル・リストの額は、女王即位の1952年にはクラウン・エステート収入の60％だった。それが2010年前後には不動産価値の上昇により15％程度まで低下しているのだが、イギリス国民の〝お金〟に対する視線は非常に厳しいのである。

特に世論の強い批判を浴びたのは経済が衰退を極めた1970年代だった。サッチャー首相の登場とともに、徹底した緊縮財政、民営化など経済の効率化が推進されると、なぜ、王室だけが例外なのかと国民の不満は高まる。当時の世論調査では、約4割の国民が王室はイギリスにとって「高価過ぎる贅沢品」だと不満を持っていた。

サッチャー革命と並行した王室改革は、ある意味で時代の流れに沿った「王室の民営化」だった。改革に主導的な役割を果たしたのは、王室と家族ぐるみの親交があり、女王の顧問となった元銀行家のアーリー伯爵だった。彼は女王に対し、民間のコンサルタントにバッキンガム宮殿、王室運営の全体的な見直しの検討を委託することを提案。見直しの結果は、188の改善策を含む1380ページの報告書となる。スタッフの合理化や宴会経費の削減など多岐にわたる提案が実行に移され、王室運営は効率化された。この流れの中で、アーリー卿らは、女王を世論の圧力や政治から守るため、予算の議会審査を「可能な限り少なくする」ことを求めて政府と交渉を続け、サッチャー政権末期の1990年にシビル・リストの予算を10年間固定(毎年790万ポンド)することで合意を得たのだった。

一方で、エリザベス女王は国民世論に押される形で1993年から、私有財産に関わる収入の所得税を支払うようになった。

王室財政の問題は、王族のスキャンダルや特別支出が必要になる記念イベントに際し必ずと言っていいほど浮上する。1990年代には、チャールズ皇太子をはじめとする女王の子どもたちの離婚が相次ぐが、こうしたスキャンダルの噴出前に、国民の怒りの矛先が向きかねない財政問題の火種を消しておいたことは、王室の安定において大きな意味を持つことになる。シビル・リストの見直し(2010年からの10年間)はブレア政権で行われたが、額の改定は行われなかった。

そして、王室崇拝者であるキャメロン首相の下で、2012年、王室の意向にそってその財政制度は再び大々的に改定される。シビル・リスト、宮殿維持費、旅費と細分化された制度を廃止して「ソブリン・グラント」として一本化し、その額をクラウン・エステート収入の15%(2012年度は3100万ポンド)とすることが取り決められたのである。

この改革が持つ意味は極めて大きい。なぜなら、王室費を固定することで政府が王室に介入する余地が狭まったからだ。ここに、王室を政治の動向から切り離し、安定させるという王室側の究極の目標はゴールに向け大きく前進したのである。

◇　◇　◇

サッチャー死去を受けた大報道の中で、2人のツーショットの写真を何枚か見た。2人はほぼ同年齢というだけでなく、背格好も似ている。当たり前ではあるが、53歳でサッチャーが首相になって以来、写真の中の2人は同じように年を重ねている。若き日のエリザベス女王は、おとぎ話のプリンセスのように可憐だった。サッチャーも、知性を湛える美形である。そのツーショットを見ると、なぜか、まずサッチャーに目がいってしまう。それは、人生を戦い抜いた者だけが漂わせる風格のなせる業なのかもしれない。

そんな写真の中で、もっとも印象深いのは、サッチャーの晩年の2007年に撮られたものだ。フォークランド戦勝25年を祝う式典でのショット。しゃれた帽子にコートを羽織った2人の上品なおばあちゃんが握手を交わし、再会を喜び合うという感じの構図だ。その2人の笑顔は、親近感を漂わせる。イギリス社会も、世界も、まだまだ男性優位だった時代に、イギリスという国家を二人三脚で背負った2人の女性。2人が浮かべる穏やかな笑顔からは、さまざまな出来事を経た後で発酵するかのように心の底から湧き上がる、お互いへの敬意が読み取れるのである。

エリザベス女王の治世は、エリザベス1世（在位1558〜1603年）の時代と区別し、期待を込めて「新エリザベス時代」とも呼ばれる。しかし、その治世の前半は大英帝国が消滅していく衰退の時代だった。イギリスの国力は右肩下がりの直線を描き、それがどこまで落ちていくのか、誰もがそんな不安を抱いていた時代だった。そうした状況下で登場したのが、サッチャーだった。

サッチャーの業績には功罪が入り乱れる。彼女はイギリス社会の分断者だった。その政策は「社会などというものは存在しない」という彼女の有名な言葉に集約される。一方で、「ヨーロッパの病人」とさえ呼ばれた国家としてのイギリスを再生させ、国際社会でのイギリスの威厳を取り戻した。このレガシーを2人の関係に当てはめるなら、こういうことだろう。

エリザベス女王はイギリスの「永続性」を象徴するが、サッチャーは「強い国家」を復活させる一方で、社会的分断を深めた。エリザベス女王は、サッチャーの国家への奉仕に感謝しながらも、「好意」と「困惑」という相反する思いを抱いていたのではないだろうか。それは、個人的な相性だけの問題ではなく、2人の背負ったミッションの違いが生む必然的な結果だった。

◇　◇　◇

2005年10月13日、サッチャー元英首相（右）の80歳の誕生パーティーであいさつを交わすエリザベス女王（中央）とフィリップ殿下
写真：AFP=時事

エリザベス女王は、サッチャーとの永遠の別れに際し、君主は「平民」の葬儀には参列しないというルールを破ることで、2人の不仲説にピリオドを打った。

葬儀が終わり、サッチャーの棺は再び軍人に担がれてセントポール大聖堂から退場し、霊柩車に載せられた。女王はその様子を、大聖堂の入り口の段上から見守った。その胸中にどんな思いが去来し、どんな最後の言葉を手向けたのか。その答えは、エリザベス女王の胸の内に永久にしまわれるのだろう。

コラム❸

ロスチャイルド家と大英帝国

世界的な大富豪であるロスチャイルド家の家系を継ぎ、ロンドンの「N・M・ロスチャイルド父子銀行」の会長を務めたエドマンド・ロスチャイルド氏に話を聞いたことがある。チャーチルやアイゼンハワー、マハトマ・ガンジーら激動の20世紀を動かした人物らと交流を持った人である。

インタビューしたのは、英仏海峡の入り江に面した英南部サウサンプトンに近いエクスベリーの邸宅。100ヘクタールに及ぶ敷地は、父親ライオネル氏が数キロ離れた鉄道路線からわざわざ支線を引き、資材を運んで開拓したものだ。ロスチャイルド家はスケールの大きなエピソードに事欠かないが、スエズ運河買収（1875年）資金をイギリス政府に融資した際の担保は「大英帝国」そのものだったという話はつとに有名である。その片鱗は、エクスベリーの庭園にも垣間見えた。広大な庭園には、ランやシャクナゲなど世界各地の貴重な植物が群生。その多くが、「銀行家は趣味で、本職はガーデニング」と言われた先代が中南米やチベット、ヒマラヤなどの秘境に探検隊を派遣して収集したものだ。白い口ひげに笑みを絶やさないエドマンド氏は、その庭園を歩きながら、大英帝国とロスチャイルド家について大いに語ってくれた。その中で、ここでは彼が目撃した大英帝国の「落日」について紹介したい。

エドマンド氏はケンブリッジ大卒業後の1937年10月、「世界を見てきなさい」という父親の助言に従い、1年7ヵ月にわたる世界一周旅行に出発。アフリカからアメリカ、オーストラリアなどを経てインドに向かう。

当時、インドは「大英帝国の王冠に輝く宝石」と呼ばれた。この国では、「非暴力、不服従」を掲げて反英独立運動を繰り広げるガンジーを訪ねる。

ガンジーは断食を終えた直後で、粗末な家の床に敷いたマットレスに横たわっていた。かなり衰弱した様子で、「立ち上がって握手できないことを許してほしい」と話しかけてきたという。

話題は、欧州で吹き荒れるナチスによるユダヤ人迫害の嵐にも及んだ。ロスチャイルド家は当時、基金を設け、同胞のユダヤ人難民を救済する活動を行っていた。

「暴力による反撃はいけない」

ユダヤ人への同情を示しながらも、こう諭したガンジーに対し、エドマンド氏は反論する。

「非暴力を実践しても、殺されては意味がない。反撃することが必要なときもあるのではないですか」

会話の途中で、ガンジーが孫のために風船を膨らまし始めた。そして、こう繰り返した。

「いや、暴力は間違っている。力によっては何も解決しない」

インドの実情を肌で感じたエドマンド氏。彼は、独立をめぐる当時の状況をこう振り返った。

「インドには複雑な感情がうずまいていた。植民地統治者の間では、イギリス政府が反対しても、インドの独立を認めるべきだとの考えが強かった。しかし、イギリス本国では、インドを混沌から救うために鉄道や司法制度を導入しており、イギリスはやるべきことをやっているとの思いが強かった」

10年後の1947年、イギリスはインドの独立を承認する。この年、エドマンド氏はニューヨークを訪れ、アメリカでの反英感情の強さを知り、衝撃を受ける。

「どこへ行っても、人々は大英帝国の崩壊が差し迫り、イギリスが二流国になろうとしていると嬉々として話していた」

第2次大戦後、アフリカやアジア、カリブ海の植民地は次々に独立していく。そして、帝国の衰退を加速させるのが、1956年、エジプトのスエズ運河国有化を阻止すべく軍事介入し、失敗したことだ。イギリスはスエズ運河を失い、ロスチャイルド家がかつて融資の担保にした「大英帝国」は消滅へ向かうのである。

20世紀はロスチャイルド家にとってどんな時代であり、大英帝国についてどんな思いがあるのか。この問いに対し、エドマンド氏は淡々とこう語った。

「ローマ帝国、ジンギスカンの帝国、歴史上の帝国はいずれも崩壊した。しかし、大英帝国は英連邦として残り、多くの旧植民地が我々に助けを求めてきた。ロスチャイルド家にとって20世紀は何だったか？　その答えは非常に簡単だ。21世紀につながるものじゃないかね。祖父の時代に60人いた家の使用人は2人だけになり、ライフスタイルは変わった。しかし、懸命に働き、ロスチャイルドは変化の時代を生き抜いてきた」

現代のグローバリゼーションを先取りするかのように、国境を越えた情報網と資本のボーダーレスな移動で世界的な財閥となったロスチャイルド家。そのバトンをつないだエドマンド氏は２００９年1月、グローバル化の波が一層激しさを増す中、93歳で他界した。

◇　◇　◇

ロスチャイルド家は、ユダヤ人のマイヤー・アムシェル・ロスチャイルド（１７４４～１８１2年）が１７６０年代にドイツ・フランクフルトで金融業を始めたのが出発点だ。家紋の「束ねた5本の矢」は、欧州の主要都市に散って国際金融ネットワークを築いたマイヤーの5人の息子の結束を象徴する。エドマンド氏は、その一つであるロンドン家の第5世代だった。

ちなみに、エドマンド氏は１９７3年、日本の外債発行への貢献で勲一等瑞宝章を授与されている。ロスチャイルド家と日本の関係は古く、明治初期の鉄道建設事業への融資までさかのぼる。訪日のたびに歴代首相とも会談し、戦後日本の復興を見続けた人でもあった。

第4章

階級社会とブレア近代化路線

チャールズ皇太子もメンバーに名を連ねる狩猟クラブ「パイチェリー」のキツネ狩りの風景
写真：著者撮影

打破すべき「古いイギリス」

イギリスの首相官邸ダウニング街10番地の1階にある閣議室。中庭に面した長方形の室内には、大きな楕円形のテーブルが置かれ、天井からはシャンデリアがぶら下がる。世界の4分の1を支配した大英帝国のかつての司令室であり、歴史を動かす多くの重大な決断や論議がなされてきた部屋だ。

この閣議室で目を引くのは、テーブルの中央に位置する一つのイス。全てのイスは同じように見えるが、一つだけ肘掛けがつき、さっと着席できるよう、常に45度の角度で入り口に向いてひかれている。この位置からは、テーブルが楕円形であるため、全ての席に目が届く。「閣僚中の第一人者（First Among Equals）」と呼ばれる首相のイスである。微妙に差別化された首相と他の閣僚のイスは、内閣的政治権力の在り方を簡潔に明示する。

この閣議室を見学したのはイラク戦争前で、首相はトニー・ブレア氏だった。首相席の前にはペン立てがあり、その中には数種類の蛍光ペンが入っていた。オレンジや青、黄色などの色があった。重要度に応じて書類に線を引いていたのだろう。ブレア首相が、受験生のように、カラフルに線引きしている様子を想像した。引くべき線の色を誤った、すなわち判断を誤ったが故に、うまくいかなかった政策もあるのだろうか。そんな想像力を働かせると、当時はまだ、飛ぶ鳥を落とす勢いだったブレア首相がちょっと身近に感じられたものだ。

イギリスの首相官邸は首相一家の公邸も兼ねるが、建物は質素である。3階建てで、外観は一般住宅のようにしか見えない。1732年に国王ジョージ2世が初代首相のロバート・ウォルポールにこの不動産を与えて以来、この場所にある。建物の規模は、その中身を規定する。サッチャーが首相当時を振り返って回顧録で指摘しているのだが、イギリス首相官邸のスタッフが70～80人だったのに対し、ホワイトハウスは400人、ドイツ首相官邸は500人だったという。

記者会見などでダウニング街10番地を訪れるたびに思ったものだ。バッキンガム宮殿の超弩級の豪華さと、首相官邸の質素さのギャップには何か意味があるのだろうか、と。個人的な解釈だが、イギリスでは王室の権威が重石《おもし》になり、政治家を取り巻く環境から虚飾が極力排除されているのではないかと思う。イギリスの首相は、「国王の首相」であり、奉仕する存在としての位置づけが脈々と現在に引き継がれているということだ。

しかし、本章の主役となるブレア氏は歴代首相の中で恐らく、この「女王の首相」という意識が最も薄い首相だった。ブレア首相は、史上最大級の与党をバックに、「ニュー・レーバー　ニュー・ブリテン（新しい労働党　新しいイギリス）」というスローガンの下、「伝統の国」イギリスの近代化を推し進めた。ブレア首相が「新しいイギリス」への脱皮を目指したとき、そこには、破壊すべき「オールド・ブリテン（古いイギリス）」があった。ブレア首相が王室を敵視したわけでは決してないが、オールド・ブリテンを代表するのが王室であることは否定しようがない。ある官僚は、ニュー・レーバーの王室への態度を「無邪気な傲慢さと結びついた（王室に関する）全くの無知。彼らは自分たちを、古い慣習を一掃するために登場した近代化勢力と見なしていた」と説明している。実際、ブレア政権の有力閣僚の中には、1981年のチャールズ皇太子の結婚式の際、抗議の意志を示すためわざわざ国外へ旅行したような「反王室」派がいた。かくして、ブレア時代は王室にとって心穏やかではない時代となるのである。

まずは、ブレア政権誕生のドラマから始めたい。

1997年5月2日未明。夜を徹して続いたお祭り騒ぎは、テムズ川右岸のロイヤル・フェスティバルホールでクライマックスを迎えた。労働党が総選挙で地滑り的な勝利をおさめ、18年ぶりの政権交代を果たしたお祝いだ。イングランド北部の地元選挙区から駆けつけたブレア党首が壇上に上がると、朝陽が昇り始めた。

「新たな夜明けが訪れた。我々はニュー・レーバーとして選ばれ、ニュー・レーバーとして統治する」

20世紀最年少の首相となる43歳のブレア氏がそう訴えると、会場は興奮に包まれた。ブレア氏の口から発せられる将来への力強い言葉は、楽観主義に満ちていた。新しいアイデアが理念とともに力強い言葉で語られ、それが政策となって結実する。そんな時代の到来を予感させた。ニュー・レーバーのキャンペーンソング「Things can only get better（これからは良くなるだけだ）」が、この時のムードを映し出している。

政治を取り巻くこのムードは、2008年のアメリカ大統領選で、オバマ氏が「イエス・ウイ・キャン」の合言葉とともに一大旋風をもたらしたのと似ている。筆者は当時、ワシントンに駐在していた。現地の公立高校に通っていた長女はある日、友人らと学校を早退してオバマの選挙演説会に出掛けた。会場に入るために何時間も長蛇の列に並んだという。その熱狂ぶりに感染した娘は、帰宅後も、興奮冷めやらぬ表情だった。

民主主義を育んできたアングロ・サクソン社会には、政治への熱狂、そして過熱を生む土壌がある。ブレア氏は回顧録『A Journey』（2010年）で、オバマ・キャンペーンとの共通点に触れ、人々の希望がコントロール不能なまでに膨れ上がり、その現象が「あり得ない期待感」を生み出してしまった、と自嘲気味に指摘している。そして、両指導者とも、任期半ばで、膨れあがった期待の大きさだけ、強い失望を呼ぶことになるのである。

すでに詳述したが、イギリスの政権交代は一夜にして起こる。ブレア氏は祝勝会の数時間後、バッキンガム宮殿でエリザベス女王に謁見し、首相に任命された。女王はその際、「あなたは私の10番目の首相です。最初はウィンストン（チャーチル）だったわ。あなたはまだ生まれていない時ね」と語りかけたという。ブレア氏は、女王の第一印象をこう記している。「私は女王について2つの事に気づいた。彼女は非常にシャイだった。彼女の経験と地位から考えると、それは不思議なほどだった。と同時に、率直だった。（女王に対して）失礼、無礼であってはいけないが、本当に率直だった」。女王の個性について、首相が語ることは極めて異例である。

ブレア政権は誕生早々、大胆な改革策を次々と打ち出した。政権発足4日目に、金融政策決定権を政府から中央銀行・イングランド銀行へ移し、国際的に大きな注目を集める。また、2週間後には、スコットランドとウェールズに自治政府（ウェールズは権限が弱く実質的には地方政府）を設置する方針を表明し、その是非を問う住民投票法案を議会に提案する。住民投票の多用は、「住民により近い政治」を標榜するブレア政権の一つの特徴だった。さらに、4週間後には対人地雷の生産と輸出を禁止し、EUへの積極的な関与姿勢を示してイギリスの欧州政策を転換する、という具合だ。就任100日のブレア首相の支持率は、80％を超える結果も出る。若くて、颯爽とし、さわやかな弁舌で人気を呼んだブレア氏は、イギリスに生まれた最初の「セレブ政治家」だった。

ブレア政権誕生は、政治面だけでなく、イギリス社会そのもののイメージも変える。この頃の事情をうまく切り取ったのが、「クール・ブリタニア（いかすイギリス）」という言葉である。米ニューズウィーク誌の造語で、大英帝国時代を象徴する愛唱歌「ルール・ブリタニア（支配せよ、イギリス）」をひっかけたものだろう。

ブレア政権は、イギリスを自信に満ちた多人種・多文化国家としてアピールした。それ以前のイギリスのイメージと言えば、食事がまずく、ビールは生ぬるく、天気はうっとうしく、古めかしい国というのが通り相場だった。かつて、ドイツの詩人ハイネは「世界に終末が訪れたらどこにいたいか」と問われ、「イギリス」と答えたという。なぜなら、「あの国ではすべてが100年遅れで起こるから」。そんなイメージからの脱却が図られ、ファッションや音楽、モダンアートなどで最先端を行き、おしゃれな多国籍料理が楽しめる国としてアピールされた。

こうした時代精神は政府のイベントにも色濃く反映され、保守的な王室との間で摩擦を生むことになる。

ニュー・ミレニアム

ヒースロー空港への着陸態勢に入った飛行機は通常、ロンドンの市街地上空を飛び、眼下を眺めていれば、蛇行するテムズ川沿いに白い巨大なドームが目に飛び込んでくるはずだ。20世紀から21世紀へ。新千年紀の到来を祝福するために建設された世界最大のドーム型多目的施設「ミレニアム・ドーム」である。12本のマストが天を衝くドームの外観は、宇宙船のようであり、地にはいつくばった昆虫のようにも見える。内部は、サッカー競技場がすっぽり2つ入るという広さだ。

10億ポンドという巨費を投じた奇抜な建物は、ロンドンの景観にはどう見ても不釣り合いで、すこぶる評判が悪かった。だが、ブレア首相はこのドームを「伝統からモダンへの脱皮を図るイギリスの未来を象徴するものだ」とアピールした。

21世紀の到来は、イギリスにとっては特別な意味があった。世界の時間はイギリスから始まっているからだ。グリニッジ標準時で知られる世界の標準時は、ロンドン南東部のグリニッジにある天文台を通る子午線（経度0度）が基準である。

天文台は1675年、国王チャールズ2世により航海術のための星の観測を目的に設置された。世界標準時の基準に決まったのは1884年。大英帝国の絶頂期である。国際ルールとは、強者のルールである。その現実を象徴するのがグリニッジであり、ミレニアム・ドームはイギリスの歴史を誇示するかのように、この地区に建つ。

イギリス政府が、その価値に気づいたのは1990年代初めだった。アメリカのテレビ局が21世紀の到来をグリニッジ天文台から伝えようと予約競争に乗り出したのである。政府は、新千年紀到来を、この「時間の故郷」でお祝いし、2000年の1年間を通して「新千年紀博」という博覧会を開くことにした。

◇　◇　◇

このドームで、1999年12月31日の夜、エリザベス女王夫妻を招いて盛大な祝賀イベントが開かれた。ブレア首相は、女王夫妻を「説得して」出席してもらったと語っているから、女王は出席にあまり乗り気ではなかったようだ。このイベントで見せたブレア首相の女王への接し方は、彼の王室に対する心理的な「ハードル」の低さを物語るものだった。

ドーム内は中央にステージが設けられ、女王夫妻とブレア夫妻は客席に並んで座った。西暦2000年へのカウントダウンが半時間を切ったころ、アクロバットショーが演じられる。空中ブランコの曲芸師は女王夫妻の真上を行ったり来たり。すると、フィリップ殿下がブレア首相に言った。

「これは凄いですな。（首相は）彼らが命綱をつけていないことを知った上で、やっているんですな？」この言葉に、ブレア首相は背筋が凍ったという。もし、曲芸師が女王の頭上に落下したら！　これは、セキュリティ上、考えられないような政府の失態である。首相の頭の中には、「女王死亡　ドームで曲芸師が落下」という新聞の大見出しが浮かび、ショーが無事に終わることをひたすら祈ったのだという。

アクロバットショーは無事終わったものの、最悪の事態は、この後に待っていた。イギリスの年越しのイベントでは、スコットランド民謡「蛍の光」（Auld Lang Syne）を全員で手をつなぎ、肩を組んで歌うのが恒例だ。この日も、その時がやってきた。ブレア首相は再び、動転する。女王と手をつないで歌うことが許されるものか。日本の天皇陛下が一般人とそうする姿など想像できないのと同じである。イギリス社会がいくら開かれていると言っても、慣習的には完全なタブーである。

女王と首相は観衆とともに起立し、お互いに「どうすればいいの」という感じで視線を交わす。ブレア首相はなす術もなくこう思ったそうだ。「そうする（女王と手をつないで歌う）ことは、とんでもないことだ。しかし、（会場全体がそうするときに）そうしないことは場違いすぎる」。ブレア首相は咄嗟の判断で、自分から手を伸ばし、女王の手をとって、歌ったのである。女王が、茫然自失の表情を見せたことは、想像に難くないだろう。

1年間にわたった新千年紀博も、無残な結果に終わる。入場者は、目標の1200万人に遠く及ばず、ほぼ半分の650万人止まりだった。運営面でも資金不足などの混乱が続き、政府は1億7900万ポンド（約320億円）もの追加支援に追い込まれた。それもそのはず、「ミレニアム体験」と銘打った博覧会は、あまりにも意味不明で、魅力の乏しいものだったからだ。会場内は「心」や「肉体」「仕事」「遊び」など14の展示ゾーンに分かれ、マルチメディアやバーチャルリアリティ（仮想現実）など最先端の技術を駆使し、「人々の生活を解き明かす」という謳《うた》い文句だったが、全く面白みのないものだった。

タイムズ紙はこのイベントを「イギリスで最も嘲笑されたアトラクション」と批判した。ドームはその後、「政策よりパフォーマンスを重視するブレア政権の象徴」となっていく。

ブレア首相は、イギリスのイメージを「伝統の国」から「若々しい国」へ変貌させることにエネルギーを注いだ。こうしたイメージ戦略は、「イギリスらしさとは何か」をめぐる論争を呼ぶ。保守層は、「実態を伴わない空想的な戦略は国民を幻滅に導くだけだ」（エコノミスト誌）などと批判。一世を風靡《ふうび》したクール・ブリタニアという言葉もやがて死語になっていくのである。

キツネ狩り禁止に見る階級社会の現状

イギリス駐在中に起きた出来事の中で、最もこの国らしいと思えたのは「キツネ狩り」をめぐる騒動である。「狩り」と言っても猟銃を使うわけではなく、馬に乗ったハンターたちが猟犬とともに集団でキツネを追いかけ、最後は猟犬にキツネの喉をかみ切らせて殺すというものだ。

狩りの由来は収穫の終わった畑で害獣のキツネを駆除することで、14世紀の文献にも記録されているという。これが、17世紀にはジェントルマンのスポーツとなり、現在は約20万人の愛好者がいる。イギリス田園地帯の冬の風物詩である。このキツネ狩りに対し、猟犬による仕留め方が残酷だとして、動物愛護団体は戦後、禁止を求める運動を続けてきた。そして、ブレア政権は２００４年11月、「キツネ狩りは犯罪」という禁止法を成立させる。ブレア労働党は１９９７年総選挙で、動物愛護団体から10万ポンド（約１８００万円）の献金を受けており、支持者への「見返り」的な側面もあったようだ。

キツネ狩り禁止をめぐり、イギリス社会は揺れに揺れた。外国人の目から見ると「たかがキツネ狩り」なのだが、イギリス社会にとっては、極めて敏感な問題であり、重層的な要素が絡んでいるのだった。キツネ狩りの実態を知るべく、狩猟の現場を訪ねた。

◇　◇　◇

１９９８年11月。チャールズ皇太子もメンバーに名を連ねる狩猟クラブ「パイチェリー」に許可を取り、イギリス南部ノーサンプトンでの狩りに同行させてもらった。快晴の空の下、青々とした牧草地に照り返す日差しがまばゆい朝だった。

赤い上着と白いズボン、黒い帽子という乗馬姿の50人ほどの男女が集まっていた。使用人から手渡されるホットのポルトーワインを馬上で飲みながら、和やかな雰囲気の中でしばし、談笑が続いた。その周囲では、40頭もの猟犬がたむろしている。そこには、上流階級の優雅さが漂う。自らの馬を所有し、狩猟の場所まで毎回運ぶ。そのコストを考えるだけでも、金持ちにしかできない趣味であることは一目瞭然だった。

しばらくすると、彼らは猟犬を従えて一斉に牧草地へ駆け出した。その後ろから、四輪駆動車が続く。運転手は狩猟クラブの従業員、ディックさん（53歳）。彼の役目は、縦横に駆け回るハンターらが壊した垣根などを修理することだ。彼の四駆に同乗させてもらい、キツネ狩りを追った。

雨でぬかるんだ大地主の領地や畑を、ディックさんの四駆は悪戦苦闘しながら進む。キツネの姿はほとんどない。狩りの大半は獲物探しだ。キツネを見つけると、笛を吹いて仲間に知らせるが、滅多に聞こえてこない。たまに、猟犬から逃げ回るキツネを見かけるが、どこか牧歌的である。それでも、メンバーの一人で狩猟歴20年というチップスさん（44歳、駐車場経営）は「自然の中を走り回る爽快感とキツネを追うスリルがたまらない。私にとって狩りは家族の次に大切だ」と馬上で声を弾ませた。

狩りの途中、動物愛護団体のメンバーとみられる反対派が何かを叫んでいた。すると、どこからともなく警察官が現れ、「私有地に入るな」と警告した。ディックさんが反対派を罵った。「ロンドンのやつらは、田舎の声に耳を貸さず、我々の伝統や生活を理解しようとしない」。彼によると、キツネ狩りは、ホテルやレストランの利用、馬や猟犬の世話で、地元経済に貢献しているのだという。

キツネ狩りには、熱心なギャラリーもいる。彼ら観客は双眼鏡で狩りの動きを追いながら、素早く走ってホットスポットへ移動する。何が楽しいのか、傍目《はため》には思いもつかないのだが……。

パイチェリーの狩りは午前11時に始まり夕方4時まで5時間続いた。でも、この日の収獲はなし。半日の狩猟の収獲はせいぜいキツネ1～2匹なのだという。

◇　◇　◇

一方、議会では、キツネ狩り禁止をめぐる論議が活発化する。労働党が多数を占める下院が禁止法案を可決し、保守派が多数の上院が認めない。2004年の法案成立まで、下院での可決と上院での修正、下院への差し戻し（上院は下院法案を否決できない）が繰り返された。議会は700時間もの審議時間を「キツネ狩りは禁止すべきか否か」という問題に費やしたのである。

この間、ブレア首相は「イギリスから保守主義の勢力を一掃する」と過激な発言をし、保守層も対決姿勢を強める。キツネ狩り支持派は新たに「田園連盟（カントリーサイド・アライアンス）」という団体を作り、2002年9月にイギリス史上最大（当時）となる40万人デモをロンドンで繰り広げる。田園連盟のハンソン広報部長は「キツネ狩りの収益は農村経済に貢献している。都市部には田園地帯の文化への理解が全くない」と怒りをぶちまけた。イギリスの農業はGDPの1%にも満たず、雇用人口の1・4%しか占めないが、その労働により国土の75%が手入れされている。ハンソン氏は、農村の衰退はイギリスが誇る緑豊かな田園地帯の荒廃につながると危機感を示した。

イギリスの農村、農家は、厳しい状況に置かれていた。最初の大きな災禍は、牛海綿状脳症（BSE）問題だった。1996年に人間への影響が確認され、畜産業に深刻な影響を与えた。その被害額は、35億ポンド（約6300億円）とも推定された。さらに、2001年2月に大流行し始めた家畜伝染病・口蹄疫が追い打ちをかける。イギリス国内では、家畜を移動できなくなり、翌年1月に終息するまでの11ヵ月間に処分された牛や豚、羊は400万頭にも上った。

一頭でも感染が見つかれば、その周辺の全ての家畜が処分され、農家に外出禁止令が出た。農村地帯の相当部分が封鎖状態となった。損害は週6000万ポンドという莫大さ。イギリス各地で感染した家畜を焼却処分する黒い煙がモクモクと上る様子は、凄まじいという一語につきた。

農村の窮状を知るため、イギリス南西部エクスムアの大地主、パグスレイさん（44歳）を訪ねた。彼の自宅に近づくと、政府の監視員がいて、運転していた車を消毒された。パグスレイさんの農場でも口蹄疫の感染が確認され、羊600頭と牛300頭を処分したばかりだった。

パグスレイさんによると、イギリスの農村経済が悪化した主な理由は、EU内の物流の自由化とポンド高により、イギリス農業の競争力が弱まったためだ。そして、彼の批判は、イギリスの行き過ぎた自由競争に向かった。

イギリスでは大手スーパーマーケット数社による市場の寡占が進む。シェア争いに明け暮れる大手スーパー間の低価格競争は激しい。大手スーパーは農産品買い上げの価格決定権を握っており、生産農家は非常に弱い立場に置かれているという。口蹄疫の流行は図らずも、その現状を浮かび上がらせた。国内の農家が一層の苦境に陥っても、スーパーは海外からの緊急輸入により、商品を切らすことも、値上げすることもなかったのである。

パグスレイさんは、口蹄疫以前から、年収は100万円ほどだと嘆いた。収入が低くても、農業を続けているのは、ある種の使命感からだという。「誰が田園地帯を守っていくのか。この国の遺産として、農業を残していかなければならない」。そう話した後で、ブレア政権の「農村切り捨て」を口にし、「彼はイギリスを都市と農村に分断してしまった」と批判した。

◇　◇　◇

ニュー・レーバーはなぜ、農村を軽視したのか。最大の理由は、保守党の支持基盤であるからだろう。ブレア労働党は、旧来の階級政党から脱皮し、その支持基盤を労働組合から都市型中産層に移した。「田園選挙区は保守党の牙城であり、農村の怒りは労働党にとって気にならない」（世論調査会社IPSOS-MORI）という事情があった。

加えて、キツネ狩り禁止論議には党内事情も色濃く反映していた。ある政界筋が解説してくれた。「金持ちのキツネ狩りを、オールド・レーバーは階級闘争の対象とみなし、ニュー・レーバーは動物愛護団体に共感する。両派を団結させる数少ない課題がキツネ狩りだった」。つまり、キツネ狩り問題とは、ブレア首相にとって、党内を結束させる手段だったのである。

キツネ狩りは、ある者には「階級」の問題であり、ある者には「動物愛護」の問題であり、ある者には格差が拡大する「都市vs.農村」の問題といった具合に、イギリス人なら誰もが対立の構図に組み込まれる問題であった。キツネ狩り禁止の是非をめぐる論争は、問題の本質的な重要性を遥かに越えるスケールで、イギリス全体を巻き込んでいった。そして、ブレア首相は、このキツネ狩り法案を最大の失政の一つと後悔するようになるのである。

◇　◇　◇

下院と上院の間で法案のピンポンが続いたキツネ狩り禁止法案は、最終的に、法規定に基づき強行決着をみる。適用されたのは、上院が1年以内に2会期続けて全く同じ下院法案を拒否した場合、下院の議決が優先するという取り決めだった。しかし、成立した法律はすでに骨抜きになっていた。当初は禁止を支持していたブレア首相が途中から、態度をあいまいにし、事態の収束を図ったからだ。

新法は、「猟犬がキツネを殺す」ことは禁止したものの、「残虐性を避ける措置」を取れば許されるというザル法だった。例えば、猟犬がキツネをかみ殺すのではなく、銃で殺すなら問題ないと解釈できるという具合に、極めてイギリス的な妥協の産物となっていた。多大なエネルギーを費やした挙げ句、キツネ狩りは2005年2月の法律施行後も、続いていくのである。

ブレア首相はキツネ狩り禁止問題がいかに大変だったか、自分がこの分野にいかに無知であったかを回顧録で正直に告白している。

「私がもし、年金問題の解決のため、受給者の5人に1人を強制的に安楽死させることを提案しても、これほどのトラブルにはならなかっただろう。……最初に（禁止）問題を封印すべきだった。勉強を始めて、それが単なる一部の変人による残虐性を楽しむものではなく、歴史とコミュニティと社会的権利に彩られた伝統であることを理解した」

ブレア首相はキツネ狩り禁止問題をめぐる一連の騒動から一つの教訓を引き出している。政治には「感情的なインテリジェンス」が必要だということだ。理屈を押し通すのではなく、相手の立場を理解する必要性を指摘したものである。

たかが「キツネ狩り」だが、ブレア首相が払った代償は大きかった。社会を二分した論争は、都市と田園の分裂、階級問題の再燃、下院と上院の亀裂を拡大させた。「新しいイギリス」を標榜しながら、「古いイギリス」に実質的に軍配を上げることにもなった。ブレア時代は、価値観によるイギリス社会のフォルトライン（断層線）が可視化する時代となるのである。

世襲貴族議員の断末魔

イギリスという国家、社会を理解することは一筋縄ではいかない。政治システムや議会制度の在り方を教科書的な知識で判断しようとして、何度、頭が混乱したことか。その理由は明白だ。伝統や慣習を重視し、制度を近代化してこなかったからである。

「新しいイギリス」を目指すブレア首相は、「古いイギリス」の統治システムの改革にも乗り出した。その第1弾として、1998年11月、上院（貴族院）の多数を占める世襲貴族議員の廃止を打ち出す。13世紀以来、王権への対抗勢力として発展してきたイギリス議会制度の大改革であり、階級社会への挑戦だった。

ブレア首相は上院を「古めかしく、おかしな場所だ。世襲議員はナンセンスであり、正当化できるものではない」と批判していた。上院は確かに、近代民主主義の観点からすれば、「ぬえ」のような存在だ。まず、定数というものがない。改革案が示された当時は、759人の世襲貴族と、首相の推薦により女王が任命する一代限りの貴族約500人がその中心だった。さらに、最高裁判所が上院の付属機関だった（耳を疑うかもしれないが）ため、その判事である法服貴族12人と、イギリス国教会の高位者である聖職貴族25人も上院議員だった。このうち議会に登院する議員は1日400人前後。上院は、専門的な立場から下院を通過した法案を修正し、長期的な提言を行うことが期待されている。上院議員に報酬はなく、高貴な者は自己犠牲的に社会に貢献するという「ノブレス・オブリージュ」の精神を現代に引き継ぐ機関として、一定の評価を受けてきた。

イギリスの世襲貴族の爵位は上位から公爵（Duke）、侯爵（Marquess）、伯爵（Earl）、子爵（Viscount）、男爵（Baron）と5階級から成る。各分野での功績が評価されて任命される一代貴族は全て男爵位（女性の場合は女男爵）である。なお、歌手のポール・マッカートニーやエルトン・ジョンらに授与され、「Sir（サー）」の称号で呼ばれるのは「ナイト爵」。これは中世の騎士（Knight、ナイト）の叙任に由来するもので、主に文化、学術、芸能、スポーツなどの分野で卓越した実績を残した者に与えられるものだ。ナイト爵は貴族ではなく、上院に議席は持たない。

◇　◇　◇

上院改革論議が盛り上がる最中、現代の世襲貴族議員の実情を知るため、一人の貴族に会った。最も若い世襲貴族の一人だったクリフトン・ロレスリー男爵（30歳）。場所は、ロンドンの超高級デパート「ハロッズ」に近く、当時でも時価1億円は下らない自宅のテラスハウスだった。

ロレスリー氏の先祖は、ウィリアム征服王とともにフランスから渡ってきた。イギリス貴族社会では、「ウィリアム征服王とともに渡来」というのが、最も誇るべき由緒だという。彼の先祖は、イギリス中部スタフォードに領地を与えられた。

父親を交通事故で亡くしていたため、祖父が死んだ1977年、8歳で爵位を継承。幼くして男爵となったロレスリー氏を待ち受けていたのは、決してバラ色の世界ではなかったという。「子どものころは、奇妙な運命を背負った人間と見られ、差別された。貴族として生きることを学ばなければならなかった。貴族に独立心が強い人間が多いのは、そういうふうな環境で育つからだ」。

彼は、典型的な貴族コースを歩む。エリート男子校イートンを卒業し、4年間、陸軍に入隊。貴族の家庭では子どものうち1人は軍隊に入るのが伝統だったが、最近は、その慣習が薄れていると嘆いた。除隊後、エジンバラ大学に進学し、政治学を学んだ。

ロレスリー氏が正式に上院議員となったのは22歳のときだ。上院議員となる事前審査は、出生証明書や両親の結婚証明書などのチェックだけ。この審査を通れば、議会への出席権を得られる。さらに発言権を得るには、議会での初演説という通過儀礼を経なければならない。ロレスリー氏は、「報道の自由」をテーマに演説した。初演説は、全出席議員が賛同を示す慣わしだという。

ロレスリー氏は月平均で3回ほど登院していた。上院議員に報酬はない。登院すれば旅費と諸経費で1日最高130ポンド（当時）を請求することができるが、請求したことはないという。

ロレスリー氏は8年間の議員経験から、「上院は下院に対するチェック・アンド・バランスの役割を果たしている。上院議員は党への忠誠を気にする必要はなく、それぞれが自らの信念に基づき行動している」と上院の存在意義を強調した。その上で、若き貴族は穏やかな口調ながら、ブレア政権への怒りを口にした。

「世襲貴族が現代の民主制度において正当化できないというのは、その通りだ。9割の上院議員がその意見に賛成するだろう。しかし、政府の唐突なやり方には本当に腹を立てている。自分たちにとって問題を生む組織を消そうとしているだけだ。上院は確かに保守的であるが、大文字のC（Conservative＝保守党）ではなく、小文字のc（思想的に保守的であるということ）である。彼ら（労働党）は自分たちが思っているほど決して民主的ではない」

イギリスは階級社会と言われるが、貴族制度はあっても、歴史的に階級制度は存在しない。あるのは、国民の「階級意識」であり、過去の慣習から階級的社会を引きずっているのである。例えば、英語のアクセントから「育ち」が判断されるし、ジェントルマン養成校であるイートンやウィンチェスターなどの名門パブリックスクールには数世代にわたって子息が通う貴族も多い。イギリスには、学校や病院などで富裕層用（有料）とその他（無料）の2つの制度がある。新聞も「高級紙」と「大衆紙」に区分けされて呼ばれる。社会に染みついた長年の慣習はそう簡単には消えないのである。

現代の貴族が持つ社会的影響力は低下しているとはいえ、その権威と信用力、彼らが持つネットワークは今も効力を発揮している。例えば、企業の取締役に名を連ねれば、その企業の信用力は増し、富裕層の顧客開拓の足場になるだろう。ロレスリー氏も高級クルーザーの販売代理店の役員を務めていた。

◇　◇　◇

ブレア政権と上院の話し合いの結果、上院改革の第1段階では、世襲制度は廃止するものの、最終改革までの過渡期的措置として92人の世襲貴族議員を残すことになった。誰が残るかは、議員投票で決め、600人を超える議員が上院を去ることになる。この改革案を承認した上院の議場からは、ブレア政権に対し「大逆（トリーゾン）」と罵る叫び声が飛び、「先祖に申し訳ない」と涙を流す貴族の姿もあった。それは、イギリス貴族社会の断末魔のようであった。世襲貴族は、最後の制度的な特権を失ったのである。

世襲貴族議員制度の廃止をめぐり、政府との交渉に当たった保守党上院院内総務のクランボーン子爵（53歳）にインタビューした。子爵は上院に残ることになった一人だ。彼の率直な発言は、現代の貴族の心情を知る上で参考になるものだった。その一問一答を紹介する。

――改革案を承認した上院議場からは「大逆」と叫ぶ声が飛びました。

子爵　議席を奪われた貴族の多くが悲しみ、困惑しています。大逆（国家への反逆）の主張はある意味で正しく、私も慰められました。なぜなら、上院の改革像を示さずに世襲議員の廃止だけを行ったブレア首相のやり方に怒りを覚えるからです。首相は（保守党が多数を占める）上院で世襲制を廃止し、（首相が指名できる一代貴族を増やすことで）多数を得たいのでしょう。政治的な動機で正当な改革を犠牲にしたとしか思えません。

――改革に同意したのはなぜですか。

子爵　私は、上院には改革が必要だと考えてきました。現在の上院は権限を失い、議会として適切に機能できなくなっているからです。下院で圧倒的多数を占める労働党に対し、我々にできることは限られていました。

――世襲議員というのは民主的ではありません。この制度がどうして今日まで残されてきたのでしょう。

子爵　伝統的に世襲貴族は社会の指導者となるように育てられてきました。私は子どものころ常に「幸運な分だけ社会に還元しなさい」と育てられました。世襲議員は高い独立性を維持し、政党の方針に縛られず、イギリスの政治に大きく貢献してきたと自負しています。しかし、その役割は低下してきました。なぜなら、貴族自身が社会に対する義務を感じなくなっているからです。

――市民は貴族をどう見ていると思いますか。

子爵　少数派ではあるが、伝統の継続を求める（貴族を支持する）強力な層があります。しかし、多数派は世襲議員の役目は終わったと見ているかもしれません。

——世襲議員の廃止はイギリス社会に影響を与えますか。

子爵　イギリスの貴族社会はフランスの閉鎖的な貴族社会と違い、結婚相手ひとつを見ても流動性は高く、それ（貴族社会が階級的により開かれていること）がイギリスで本格的な革命が起こらなかった理由です。イギリス国民の貴族に対する感情は二律背反的で、常にからかいの対象である一方、敬意を表されてもきた。貴族は今も地域社会で重要な役割を果たしていますが、（世襲貴族議員廃止により）影響力の低下は免れないかもしれません。

◇　◇　◇

ブレア首相は政権奪取後わずか2年で、700年もの伝統が凝縮された議会制度の改革に手をつけた。しかし、彼の上院改革への熱意はこの後、急速にしぼみ、世襲制を廃止して、世襲貴族の大半を追放しただけで終わってしまう。その後、全議席を公選とする案と、「大半を公選・一部を任命」とする改革案が示されるが、進展はない。上院は、第2院としての明確な改革像を示されないまま、改革半ばの「宙ぶらりん」状態が続くことになるのである。

ブレア首相は、「世襲制は民主主義にそぐわない」として上院改革を行った。それなら、同じ世襲制の国王はどうなるのか。1997年総選挙の労働党マニフェストは「君主制を代える計画はない」と明記しているが、その説明はない。

女王も気になったことだろう。ブレア首相はこの点について女王と何度も会話を持ったという。しかし、何が話し合われたのかは、全く漏れていない。

ブレアと王室

ブレア首相と王室の間には、多くの摩擦があった。中でも、女王の後継者であるチャールズ皇太子との確執は、事あるごとに表面化した。皇太子は環境問題や建築、景観などの都市開発、田園地帯の問題に関心を持ち、首相や関係省庁に書簡を送り政策に影響を与えようとすることで知られる。政治への不介入を大原則とするイギリス立憲君主制の在り方に照らし、皇太子には将来の国王としての資質を問う声が絶えない。

そんな皇太子とブレア首相との内情を白日の下にさらしたのが、首相の右腕だったキャンベル元首相報道官の官邸時代の日記（シリーズで刊行）だ。2011年に出版された第2巻の内容はかなり刺激的であり、王室関係者を憤らせたことだろう。ガーディアン紙が掲載したその抜粋から一部を紹介する。

チャールズ皇太子はGMフード（遺伝子組み換え食物）に反対の立場だった。一方で、ブレア政権は容認する立場だった。皇太子は1999年、メディアを使って政府批判に乗り出す。キャンベル氏の日記の同年6月2日にはこう記される。

「TB（トニー・ブレア首相）はまだチャールズを声高に非難している」

1999年10月、中国の江沢民主席が訪英した際、チャールズ皇太子は晩餐会を意図的に欠席する。中国の人権問題への抗議を示したもので、皇太子側の情報提供により、メディアに流れた。また、先にみたキツネ狩り禁止問題で、皇太子は反対の立場だった。

10月23日の日記「彼（ブレア首相）は、チャールズは愚かだと感じている」

10月31日の日記「プリンス・オブ・ウェールズ（チャールズ皇太子）がウィリアム王子をキツネ狩りに連れて行ったことを受け、TBが皇太子と会った。…TBは、キツネ狩り問題も含め、90分間のかなり激しいやり取りがあった、と話した。」

キャンベル氏の日記で特に目を引くのは、チャールズ皇太子が王位を継承することへの懸念を示唆している部分だ。2001年7月4日の項。あるパーティで王族関係者から王室へのアドバイスを求められたとして、こう記している。

「王室は困難な状況にあるか？　と聞かれ、私はこう答えた。女王が健在なうちは問題ないでしょう。しかし、その後（チャールズ国王の時代）は、事態が急速に変化するかもしれない。そうはならないと思うが、王室には国民とより密接につながろうとする戦略が必要だと感じる。……現代社会へ適応しようとする感覚、仰々しさや無駄遣いを抑え、国民の中に根付くことである。チャールズは自らが古風であることを誇りにしているが、それとは異なる特性が必要だと感じている」

こうした日記の内容を出版したこと自体が、ブレア政権とチャールズ皇太子の確執がいかに深刻だったかを示すものだろう。

これに対し、ブレア首相とエリザベス女王の関係は少々複雑だ。ブレア政権のリベラルな政策が女王を苛立たせたことは間違いない。世襲貴族議員の廃止などイギリス憲政システムの大改革、キツネ狩り禁止法制定など伝統の軽視、イギリスをイラク戦争の泥沼に引きずり込んだこと……。女王のブレア首相に対する個人的な感情は、彼に勲章を与えず（サッチャーの場合、首相辞任9日で与えている）、将来の国王であるウィリアム王子の結婚式に招待していない（イギリス・メディアは、首相経験者を招待しなかったことを批判している）ことに透けて見える。

しかし、女王のブレア首相への不満は不思議と漏れてこない。その理由は、女王にとってのブレア政権は功罪入り乱れるが、プラス面とマイナス面を相殺すれば、プラス面が勝るからだろう。

エリザベス女王にとって即位以来の最大の危機は、ダイアナ元皇太子妃のパリでの交通事故死への対応で、王室不要論が高まるほど厳しい世論の非難を浴びたときだった。女王がこの危機を乗り越えることができたのは、第1章で見たようにブレア首相の適切な補佐があったからである。ブレア首相は、イギリス王室存続の危機を救った恩人だと言っても過言ではない。女王はダイアナ危機から教訓を学び、復活を果たした。その軌跡におけるブレア首相の貢献には、女王も感謝しているはずである。

◇　◇　◇

そしてもう一つ、ブレア首相が連合王国に残した大きな功績がある。北アイルランド紛争の和平合意達成である。この和平合意を踏まえ、エリザベス女王は最大の懸案と考えていた隣国アイルランド共和国との歴史的和解を成し遂げるのである。

個人的に、北アイルランド紛争には深い思い入れがある。その和平プロセスをつぶさにフォローし、何度も現地を訪れたからだ。そこでは、多数派プロテスタントと少数派カトリックの住民が分断され、日常的にテロの脅威があった。街を歩くと、軍が警備に当たり、重たい空気が漂っていた。

紛争の種は帰属問題である。イギリスへの残留を望むプロテスタント側と、イギリスから分離してアイルランドへの統合を求めるカトリック側。自分たちをイギリス人と考えるか、アイルランド人と考えるかの問題である。1960年代後半に火を噴く紛争は、長らく社会的差別を受けてきたカトリック側がアメリカ公民権運動に刺激を受けて立ち上がり、イギリス政府がこれを軍隊で押さえ込もうとして燃えさかる。1998年に和平合意を達成するまで約30年間にわたった紛争の犠牲者は約3500人にも上った。

イギリスという先進国で、20世紀の後半に、これほどまでの流血の争いが起きていること自体が信じられなかった。北アイルランドの中心都市ベルファストは今も、両派の居住区が高いコンクリート壁「ピース・ライン」でモザイク状に分断されている。その無機質な灰色の壁の高さ、壁の厚さが示すものは、壁の両側の住民同士の憎しみの深さ以外のなにものでもない。

北アイルランド紛争に歴史的な転機が訪れたのは1998年4月10日の夕方だった。ベルファスト郊外のストーモント城で行われた和平会議で紛争解決に向けた合意が達成されたのである。その日は、前夜から小雪がちらつき、凍えるような寒さだった。交渉の行方を徹夜で見守っていた記者団の前に、ブレア首相が現れる。

「勇気が勝利を収めた。我々が合意したことの本質は選択である。我々は全員が勝者になるか、全員が敗者になるかだ。相互の利益か破壊か。我々は全員が勝者になれるのだ」

44歳という若き指導者のチャレンジ精神と楽観主義はまぶしいほどだった。新聞記者と

ベルファストで、和平合意の実現を確認する会談後に記者会見するブレア英首相（左）とアハーン・アイルランド首相（右）
写真：ロイター=共同

して、この時ほど政治指導者が輝いて見え、その言葉に心が震えるほどの感動を覚えたことはない。

和平プロセスとは、長い長い過程である。ブレア首相のリーダーシップにより和平合意が達成されたものの、紛争各派が参加する自治政府の運営やＩＲＡ（アイルランド共和軍）の武装解除など、その合意事項の履行をめぐって和平は紆余曲折を辿った。合意直後の１９９８年8月には西部オマで29人の死者を出すカトリック系武装勢力による爆弾テロも起きた。「これで和平は終わった」。現場を取材して、そう思ったものだ。和平プロセスは何度もこうした崩壊の危機に直面しながら、１９９８年の合意から13年目の２０１０年4月、警察・

司法権のイギリス議会からアイルランド自治政府議会への委譲という最後の課題を克服し、ゴールに到達する。この間、北アイルランド社会を覆うムードも徐々に変化してきた。

２０１２年３月にベルファストを訪れると、街の変貌ぶりは驚くほどだった。この街はかつて造船業で栄え、あの豪華客船タイタニック号が建造された場所でもあるのだが、その造船所跡にはタイタニック号をテーマにした巨大なミュージアムが完成していた。外国人観光客の呼びこみに熱心で、そのプロモーション活動は日本にも来ている。一昔前には想像すら出来なかったことである。ベルファストの街中には、数軒の中国レストランが並ぶ〝リトル・チャイナタウン〟もできていた。「空気と中国人は真空を嫌う」と言われるが、ビジネスチャンスに目敏《めざと》い中国人の進出は、和平がもはや後戻りしないというお墨付きと言えるだろう。街を分断するピース・ラインも一部で通行用ゲートを開放するようになり、観光スポットとなっている場所もある。北アイルランドはまさに「平和の配当」を享受し始めているのである。

一方で、プロテスタントとカトリックの心の問題としての和解プロセスはまだ緒に就いたばかりだ。両派住民の子どもたちの大多数が今も別々の学校に通う現状が、分断社会のトラウマの深さを象徴する。２０１２年の調査では、住民の７割がプロテスタントとカトリックの居住区を分断するピース・ラインはまだ必要だと答えている。この現実が、「真の平和」への長い道程を物語るのである。

◇　◇　◇

北アイルランドにある種の平和は訪れた。しかし、かつての支配者イギリスと被支配者アイルランド共和国の歴史的な清算が済んだわけではなかった。その最終章を飾れるのは、政治家ではなく、君主すなわちエリザベス女王しかいない。なぜなら、イギリスの歴史の連続性は、王室が受け継いでいるものだからである。エリザベス女王は即位後、115ヵ国を訪問しているが、海峡を挟むだけの「遠い隣国」アイルランドは訪れたことがなかった。女王自身、そのことを気にかけていたという。そして、両国間の喉元に刺さったトゲであった北アイルランド紛争が終結したことで、ようやく訪問の機が訪れたのである。

エリザベス女王は2012年5月17日、イギリス国王としては実に100年ぶりとなるアイルランド訪問を果たした。祖父のジョージ5世以来である。ダブリンの空港でタラップを降りる女王は、アイルランドのナショナルカラーである緑色のコートに身を包んでいた。4日間の滞在中、抗議デモに遭いながらも、イギリスからの独立闘争の犠牲者の追悼施設に花輪を捧げ、イギリス軍の弾圧で14人の死者が出たスタジアムを訪問するなど、植民地支配や反英感情のシンボルに正面から向き合った。

アイルランドのケニー首相は、女王の行動を「言葉では言い表せない象徴的な意味がある」と語っている。

和解の旅のクライマックスは18日夜、イギリス統治の象徴であるダブリン城での晩餐会での女王のスピーチだった。

「A hUachtarain agus a chairde（大統領と友人のみなさん）」。女王がアイルランド語でこう切り出すと、隣に座っていたマカリース大統領が「ワーォ」と驚きの声を上げた。アイルランドではイギリス支配の影響で母語のアイルランド語が廃《すた》れた。女王がその言葉を使ったことは、アイルランドの伝統・文化への敬意と受けとめられた。ちょっとしたサプライズも、君主レベルが行うと大きなニュアンスを伴って解釈されるのである。マカリース大統領が対等な国家元首としてエリザベス女王と席を並べる姿も、アイルランドの人々には感慨深いものであったろう。

女王はスピーチを続けた。

「我々2つの島国はその歴史を通し、不必要な悲しみや混乱、犠牲を経験してきました。これは悲しく、残念な現実です。苦痛に満ちた過去です。我々は決してその犠牲者や負傷者、その家族のことを忘れることができません。困難な過去によって苦しみを味わったすべての人に対し、私は心からの思いと深い同情をさしのべます」

女王のあいさつに直接的な謝罪の言葉はなかった。しかし、それはイギリスの君主として口にすることができるぎりぎりの表現だったのかもしれない。これで十分なのか、不十分なのか。それは、個々のアイルランド人が評価することである。少なくとも、晩餐会の出席者は、女王のあいさつにスタンディング・オベーションで応えた。

返礼のスピーチを行ったマカリース大統領は、両国関係の「新たな一章」が幕を開けたと応じた。

「つらい事実は変えることができません。犠牲や深い悲しみは消し去ることができません。しかし、時の経過と寛大さにより、（出来事の）意味や解釈、将来の展望が変わり、新たな和解への道を開くことは可能なのです」

女王のアイルランド訪問は全般的に好意的に受け止められた。アイルランドの有力紙「アイリッシュ・タイムズ」の副編集長は英日曜紙オブザーバーにこう寄稿している。

「多くのアイルランド人は女王の威厳に満ちた姿から、自分たちの成熟度が試されているのだと悟った。女王はまた、イギリスの成熟度も試した」

ＢＢＣのアイルランド特派員マーク・シンプソン氏は、女王が飛行機のタラップを降りて初めてアイルランド共和国の土を踏んだことを捉え、こう報じていた。

「女王にとっては小さな一歩だが、イギリスとアイルランドの関係にとっては巨大な一歩である」

コラム④

生ぬるいビールと階級社会

イギリスの一つのイメージと言えば、パブと生ぬるいビールか。いわゆる「エール・ビール」と呼ばれる伝統のビールは、熱処理されず、炭酸も加えられず、地下室の常温（11度前後）で飲むのが一般的。冷やすと風味がなくなるからだ。醸造所から運ばれたビア樽はパブの地下セラーに貯蔵され、そこで発酵、熟成のピークを迎えたものが客にサーブされる仕組みになっている。しかし、近年は、若者たちがグッと冷えたラガービールやワインを好み、飲酒運転の取り締まりも厳しくなったことから、パブとエール・ビールは強い逆風にさらされている。その事情を調べたことがあるのだが、伝統の復権にかける男たちには、何と、気概に満ちた人たちが多かったことか。

その代表格は、ビール、ウィスキー評論家として日本でも有名だったマイケル・ジャクソンさんである。その名前にまず驚きながら、彼に会ったのは２０００年のこと。ジャクソンさんはその30年ほど前、先例のないビール・ジャーナリストとして独り立ちしていたのだが、その発想は実に奇想天外だった。

英中部の工業都市で労働者家庭に育ったジャクソンさんはある日、アルコール界の「階級打破」という壮大な目標を持つようになる。階級社会のイギリスでは何から何まで階級で区別され、ビールは労働者、ワインは中・上流階級の飲み物とされていた。「ビールの地位をワインに近づけたい」。マイケルさんはそう思い立ったのである。

地方紙の記者だった1960年代。「ビールの企画をやりたい」と上司に提案すると、「たかがビール。誰がそんなものに関心を持つものか」と一蹴された。そこで一念発起して独立し、ビールの消費者向け評論という仕事を始めることに。誰もが「ばかげている」と口をそろえたという。

ジャクソンさんは、ビールの弱点はワインのように食事と関連付けられてこなかったことだ、と考えた。というわけで、どのビールがどんな食事に合うのかという組み合わせを考案し、プレゼンテーションすることを思いつく。

日々の仕事はひたすらビールを試飲すること。ロンドン郊外の事務所を訪ねると、その試飲方法をデモンストレーションしてくれた。ビールをグラスに注ぎ、泡の立ち具合、香りを確かめた後、軽く口に含む、という手順だ。その仕草は、ライバルであるはずのワインの試飲とそっくり。この方法で多い日には100銘柄もの試飲を繰り返していると説明し、「おかげでこの通り」と、見事な「ビール腹」を突き出して笑った。

ジャクソンさんは2007年8月、65歳で他界した。彼の孤高とも言えた闘いが、ビールの地位をワインに近づけたかどうかは分からない。しかし、ジャクソンさんは、業界から畏怖される存在だった。彼の評価が売り上げを左右するほど絶大な影響力を持つようになったからである。また、ベルギービールを世界に広めた功績で同国の王室から勲章を贈られ、アメリカの大学で「ビール学」の講座を持ったこともあった。

「負け犬を応援するのはイギリス人の美徳だよ」。ジャクソンさんはビールへのこだわりをそう話していた。そして、悩みは有名になり過ぎたことで、「周囲からビール・スノッブ（気取り屋）と冷やかされるんだ」と言っていた。その照れ笑いが、とてもチャーミングな人だった。

◇ ◇ ◇

もう一人、紹介したい。『イングリシュパブ　ある歴史』（1994年、絶版）の著書があるピーター・ヘイドンさんである。

彼に会った理由は、パブの歴史に関する本を探しても、見つけることができなかったからだ。博物学の総本山ともいえるイギリスで、人々の生活に密接に関わってきたパブの歴史が書かれていないなんてことがあるのか。そんな疑問から、行き着いたのがヘイドンさんだった。

筆者の疑問へのヘイドンさんの答えはこうだった。「パブは物書きのようなエスタブリッシュメント（指導階層）の行く場所ではなかったからです」。執筆当時30代半ばだったヘイドンさん自身、ロンドンの大英図書館に4年間通い、古書や記録を徹底的に調べたが、パブの歴史を総合的に紹介した本は見つからなかったという。「それなら、自分で」と本を書くことにしたのである。

イギリスにおけるパブの歴史は古く、ヘイドンさんによると、ローマのカエサルが紀元前1世紀にイギリスに侵攻した際の記述で、人々がエール・ハウス（パブの呼称）でビールを飲んでいることに言及しているという。パブの正式名称は「パブリック・ハウス」。その由来は、民家（ハウス）をビールを飲むために一般（パブリック）に開放したことにある。人々が集うパブは、演劇上演など娯楽の場であり、巡回裁判所や生活互助会、職業案内所など地域コミュニティで多彩な役割を果たしてきた。ヘイドンさんは「イギリスは議会や教会がなくてもやってきたが、パブは社会の変化に適応しながら、その中心であり続けてきた」と持論を語った。

彼によると、イギリスで最も重要な法律の一つは、パンとエール・ビールの価格、品質を管理するものだった。大麦から作るエール・ビールは、庶民にとって安全で保存が利く「食料」でもあり、「ビールは健康にいい」との考えが深く根付いてもいた。13〜14世紀のフランスとの戦争では勝利のたびに、ワイン派のフランスに対し、「我々はビール党だから強いのだ」と自慢していたのだという。

◇　◇　◇

戦争とアルコールの関係では、20世紀における変遷が面白い。その社会的評価がジェットコースターのように上下するのである。

第1次大戦で、イギリス政府はアルコールを戦争継続の〝敵〟と見なし、国民の飲酒を厳しく規制する政策を導入した。二日酔いの労働者が、兵器工場などの生産性を低下させたからだ。1915年、当時のロイド・ジョージ財務相は「飲酒はドイツの全潜水艦より大きな害を与えている」と嘆いている。

それが、第2次大戦では、ビールは前線の兵士の士気高揚に欠かせない存在へと様変わりする。チャーチル首相はこう指示を飛ばした。

「戦火の部隊にはどこよりも早く週4パイント（約2・2リットル）のビールを届けよ」

ロンドンでは、昼間からパブに集うサラリーマンの姿が珍しくない。ロイド・ジョージの戒めか、チャーチルの檄か。「現代の戦士たち」にとっては、どちらが真理なのだろうか。

第5章

アングロ・サクソン流の終焉

ホワイトハウスでの首脳会談で、イラク政策堅持を確認し、ブッシュ米大統領（右）と固く握手するブレア英首相（2004年4月16日）　写真：ロイター＝共同

アングロ・サクソンの盟友

ロンドンとワシントンで特派員を経験したことから、英米関係に関心を持ち続けてきた。イギリスとアメリカは、2つのアングロ・サクソン国家として語られることも多い。両国を一体のものと捉える見方だ。例えば、自由主義と法の支配はアングロ・サクソンの価値観である、と言われたりする。現在のグローバリゼーションを、米英が主導するという意味で「アングローバリゼーション」という造語で呼ぶ向きもある。近代秩序を築いてきたアングロ・サクソン国家、そして両国関係の核心とは何なのか。現代世界への理解を深めるためにも、この点を知ることは重要に思える。

英米両国を一つの世界と見るアングロ・サクソンという呼称は、実は奇妙な言葉だ。確かに、17世紀の初めに信仰の自由や市民的権利を求めてイギリスから新大陸に渡ったピルグリム・ファーザーズらがアメリカという国家の土台を築いたとは言え、アングロ・サクソン系住民が現代の両国を支配しているわけではないからだ。イギリスでは、アングロ・サクソン系の国王は1066年のウィリアム1世によるノルマン征服以後、生まれていない。現代のアメリカ社会でアングロ・サクソン系が支配的ということでもない。カトリックのジョン・F・ケネディ大統領（アイルランド系）や黒人初のオバマ大統領を引き合いに出すまでもないだろう。現代のアメリカにおいて、その祖先をイギリスに遡るのは5人に1人に過ぎないという。2つのアングロ・サクソン国家とは、両国が共通の英語文化、自由主義的な価値観などでつながることを捉えたものである。そこには他国に対する優越性への自己主張が垣間見える。別の視点で捉えるなら、西洋世界においてもイギリスとアメリカの国民性は他の国々とあまりに毛色が違うことから、一つの定義として受け入れられたと言えるのである。

そして、このアングロ・サクソンという呼称がいかに利用されるようになったかを調べると、そこからは、イギリスの巧みな世界戦略が見えてくる。

イギリスとアメリカを「2つのアングロ・サクソン国家」と捉え、その結束を図ろうとする動きが顕著になるのは、たかだか100年ほど前の19世紀末のことだ。それ以前、イギリスとアメリカは独立戦争を含め2度も戦争をしている。イギリス軍は米英戦争（1812～1815年）ではホワイトハウスを焼き討ちにした。アメリカ独立に大きな影響を与えたトマス・ペインの『コモン・センス』は、イギリス王制の正当性を否定するとともに、支配者への激しい憎悪を記している。

「フランスの一庶子（ウィリアム征服王）が武装した盗賊どもを率いて上陸し、原住民の同意もえないで勝手にイギリス国王になったということは、はっきり言えば非常にくだらない。卑しい起源である」「あの野蛮な憎むべき国（イギリス）を大陸から追放することを光栄と考えている人間が何千、何万といるのだ。その国はインディアンや黒人をけしかけて、われわれを滅ぼそうとしている」。アメリカには、イギリス嫌いの伝統があった。

19世紀末になると、イギリスは海軍力では覇権をまだ握っていたものの、産業競争力の低下やアメリカ、ドイツの台頭などにより、世界秩序を維持するのが困難となる。「パックス・ブリタニカ（イギリスによる平和）」の限界が見えてきた時代である。一方のアメリカは米西戦争でフィリピンなどを獲得し、帝国主義的パワーへ成長していた。こうした事情を背景に、イギリス支配層が考えたのが、イギリスとアメリカが共同で世界秩序を維持するというビジョンである。衰退に向かう大英帝国の覇権国家としての役割を、興隆するアメリカに共有してもらう。イギリスとアメリカが共同で世界を支配しようという話である。ここで、2つのアングロ・サクソン国家というコンセプトがイギリス側から強調されるようになる。

イギリスは第1次、第2次世界大戦というヨーロッパを主戦場とした戦争で、孤立主義のアメリカを説得して戦争に引き込んだ。そして、この2つの大戦を経て、2つのアングロ・サクソン国家の上下関係は逆転するが、その流れはこうだ。

第2次大戦後の国際秩序を方向付けたのは、チャーチル首相とルーズベルト大統領が1

941年8月にカナダ・ニューファンドランド島沖の艦船上で行った首脳会談である。2人は戦後の世界構想を話し合い、その合意内容として、民族自決や自由貿易の推進、公海の航行の自由、広範な安全保障システムの確立などをうたう「大西洋憲章」を発表した。そこで描かれたのは「自由」をキーワードにした、アングロ・サクソン的秩序である。この時点では、イギリスはまだ、英米間の「対等な関係」の雰囲気を醸し出していた。

第2次大戦後、「大国」イギリスには欧州防衛の新たな重責がのしかかる。東西冷戦の最前線となる欧州で、新たにソ連共産主義の膨張路線に対抗する必要が生まれたのである。アメリカは大戦に参戦したとは言え、アメリカ大陸以外のことには距離を置く「モンロー主義」的姿勢を変えていなかった。焦点となったのは、ギリシャとトルコである。イギリスはギリシャ内戦では、共産主義勢力に対峙する王党派を支援していた。トルコは、ソ連からボスポラス・ダーダネルス両海峡の共同管理権を要求され、イギリスに支援を求めていた。いずれの地も、イギリスの中東、東地中海戦略の要衝である。しかし、財政的に疲弊したイギリスに両国を支える余力はもはやなかった。イギリスは1947年2月、ギリシャ、トルコ両国を共産主義から救うという任務をアメリカが肩代わりするよう要請する。イギリスはこうして自由主義世界の盟主の座をアメリカに引き渡したのである。

イギリスの要請を受け、アメリカは欧州秩序への関与に乗り出した。トルーマン大統領は1947年3月、ギリシャ、トルコへの経済・軍事援助の承認を求める議会演説で、「武装した少数派や外圧による征服の試みに抵抗する自由な人々を支持することがアメリカの政策でなければならない」との方針を示した。伝統のモンロー主義的姿勢を転換し、ソ連と対決する姿勢を打ち出したのである。同年6月には、欧州を共産主義から守るための大規模な経済援助計画「マーシャル・プラン」を発表。一方のソ連は東欧の支配体制を固めており、ここに、その後約40年にわたって国際秩序の枠組みとなる冷戦構造が生まれることになる。

トルーマン大統領の先の演説は、アメリカの紛争地域への積極介入の意思を示すものだった。それは、自由主義世界における「パックス・アメリカーナ（アメリカによる平和）」の幕開けを告げるものだった。彼の演説内容は共産主義封じ込め戦略へと昇華し、後に「トルーマン・ドクトリン」と呼ばれるようになる。

こうした時代状況を背景に、英米両国の「特別な関係」が強調されるようになるが、この言葉を生み出したのもイギリス側だ。チャーチル元首相が1946年に米ミズーリ州フルトンで行った東西冷戦の到来を警告した「鉄のカーテン」演説が最初だった。なぜ、アメリカでの演説だったのか。その理由は、ソ連の脅威に備えて、イギリスとの結束をアメリカ人にアピールするためだった。チャーチルは戦争の確実な予防には、「英語諸国民

(English Speaking Peoples) の兄弟のような連合」が必要だと訴え、英米関係を「特別な関係」と呼んだのだった。彼は、この「英語諸国民」という言葉を好んで使った。

ワシントン特派員時代、知り合いのアメリカ人外交官は言ったものだ。「特別な関係という言葉を使うのはイギリス側であって、アメリカ側ではほとんど聞かない」。イギリスは、アイデアの国である。大英帝国を失い、国力そのものは衰えても、歴史の試練を経て蓄積してきた外交の知恵がある。英米関係に「特別な関係」という位置づけを与えることで、新たなモメンタム（勢い）を与え、アメリカのパワーを利用する。戦後イギリスの外交力を表現する言葉に、「punch above her weight（実力以上の力を行使する）」というのがある。アメリカに寄り添うことでこの国への影響力を確保し、イギリスがその国力以上に世界への影響力を維持してきたことを指すものだ。

2004年11月11日、ホワイトハウスで、中東・イラク情勢を協議するために訪れたブレア英首相（左）を迎えるブッシュ米大統領
写真：ロイター=共同

そして、この戦略が破綻したのが、ブレア首相がブッシュ大統領と肩を組

んで突き進んだイラク戦争だった。この戦争は、イギリスの対米アプローチの破綻に止まらず、近代世界を築いてきたアングロ・サクソン流の「終わりの始まり」をも意味するのではないか。その思いを強くしたのが、ワシントン特派員として取材したブレア首相の2007年5月の最後の訪米である。

ホワイトハウス最後の夜

ブレア首相とブッシュ大統領は5月17日、ホワイトハウスで13回目の首脳会談を行った。両首脳は会談の4年前、国際的な非難の嵐の中でイラク戦争へ踏み切った。開戦の大義は、イラクが保有するとした大量破壊兵器（WMD）の脅威を取り除くことだったが、その兵器の存在は確認できないまま、イラク戦争は泥沼化していた。両首脳の支持率はともに28％前後まで下落。世論の圧力に屈し、ブレア首相はすでに訪米後の6月27日に辞任することを表明していた。

首脳会談の後、2人はホワイトハウスの中庭ローズガーデンで共同記者会見に臨んだ。空は青々と澄み、心地よい初夏の日差しが芝に照り返していた。演壇に向かって右側にアメリカの報道陣、左側にイギリスの報道陣が座り、私を含む海外メディアはその後方の席を割り当てられた。

両首脳が登場したとき、イギリスの報道陣は誰一人起立せず、彼らが座る一角だけへこんでいた。イギリスでは、首相が会見などに登場しても起立することはない。これに対し、アメリカでは大統領が記者会見に登場すれば、起立して敬意を示すのが慣習だ。国家元首であるからだろう。

イギリスの報道陣には明らかに両首脳への侮蔑感が漂っていた。会見は不穏なムードで始まった。

会見の冒頭、両首脳はイラク開戦の判断に「後悔はない」と改めて強調し、その是非は「歴史が判定を下すだろう」などと強気の姿勢を崩さなかった。その後の質疑応答で、イギリス人記者の質問はブレア首相がなぜ即時、辞任しないのかに集中する。

BBC記者「大統領、あなたはブレア首相の辞任に少しは責任を感じますか」

ブッシュ「そうかもしれない」

イギリス人記者が大統領に対し、ブレア首相は直ちに辞任すべきではないかと質す。

ブッシュ「面白い質問だ。君は、彼（ブレア首相）の政治的な墓の上でタップダンスでも踊りたいのかね」

別のイギリス人記者が同じ質問を繰り返す。

ブッシュ「（隣のブレアを指し）この人は首相だぞ」

それでも、イギリス報道陣はひるまず、BBCの記者が（辞任を表明したブレア首相は）あなたが会談するのに適切な相手ですか」と聞くと、大統領はついに切れる。

ブッシュ「彼は君の国の首相だぞ。そして、それよりも重要なことは、彼は国際舞台で尊敬されていることだ。人々は彼を尊敬しているんだぞ」

イギリス人記者はそれでも食らいつく。

記者「（イギリスの野党・保守党の党首は）あなたと一緒にいる所を見られたくないと言っています」

さすがのブッシュ大統領も困惑した表情を見せた。

ブッシュ「彼に会ったことなんかないよ」

ホワイトハウスの外から、何かを叫ぶ声がかすかに聞こえた。

ブレア「何を言っているのかはよく聞き取れないが、私たちを褒めそやしているのではないようだ（苦笑）。しかし、それこそが重要だ。人々が自由に意見を表明し、政治家は自らの決定の正しさを証明するよう求める圧力に真正面から向き合わねばならない」

◇　◇　◇

イラク戦争をフォローしながら、折に触れ、頭をよぎる疑問があった。自らの開戦決定により、何千、何万もの人々が命を失い続けているとき、指導者はいかにして平常心を保てるのかということである。

ブッシュ大統領は、2001年9月11日、同時多発テロ発生当日の国民向けテレビ演説で「我々は今日、悪（evil）を見た」と語り、その後も「我々の歴史に対する責任は明白である。この攻撃に反撃し、世界から悪を取り除くことである」などと繰り返した。いわゆる、世界を「善」と「悪」に分けて見るキリスト教的な二元論である。

ブッシュ大統領は同時多発テロが起こる前は、「謙虚なアメリカ」を掲げ、外交にあまり関心を示していなかった。それが、同時多発テロを受け、「正義」を掲げる救世主的な言動へ変わる。アメリカ人の愛国心は、正義の観念と結びついている。ブッシュ大統領の支持率が一時90％を超えたのは、国民が大統領の「正義」の下に結束したからである。

同時多発テロは、ブッシュ大統領の中の宗教的信念と超大国アメリカの外交・安保政策を結びつけてしまった。これにより、ブッシュ政権の対テロ戦争は、イスラム世界から見ると、イスラムを「悪」と位置づけて戦いを挑んでくるキリスト教世界の十字軍と映るようになった。宗教的な熱情が、正義と結びつくと手に負えない。それは、対テロ戦争の相手である国際テロ組織アルカイダやイスラム過激派と、根っ子の部分では大きくは変わらないのである。

ブッシュ大統領の対テロ戦争は、テロ組織の根絶には地域の民主化が必要であるという

「中東民主化」構想へと戦略的拡大を伴った。アラブ諸国の独裁的な体制がテロリストを育む温床となっているという認識に基づくものだ。アメリカ外交には、「民主化こそ全ての国際問題の解決策だ」というウィルソン主義的な理想主義の伝統が脈々と流れている。

米同時多発テロが、中東への自由と民主主義の輸出という一大構想へと発展した背景では、ブッシュ大統領の外交・安保チームの特性も見逃せない。コンドリーザ・ライス大統領補佐官（国家安全保障担当）らはロシア専門家として、父ブッシュ政権で冷戦終結の「勝利」に貢献した。その自信が過信となり、中東事情への理解を欠いたまま、民主化構想という理想主義へ突き進んだのである。フセイン・イラク政権打倒という軍事目標と、民主化という時間をかけてとりくむべき長期的な政治目標を混同したことが、ブッシュ戦略の失敗の本質だった。

ブッシュ大統領はアルコール中毒から立ち直り、キリスト教への信仰を新たにした。ブレア首相もまた、聖書を日常的に読むことで知られる。テロ発生直後、彼はアメリカへの連帯を示す声明で、「我々はこの悲劇においてアメリカの友人たちと肩を並べて歩む。我々は、アメリカ人と同じく、この世界から悪が追い払われるまで安息することはない」と表明した。ブレア首相は回顧録で信仰についてこう吐露している。

「私は常に幸運だった。政治よりも大きな情熱を宗教に持っていたからだ」

戦争指導者としてのブレア首相を精神的に支えたものは、信仰だったと打ち明けているのである。

ブレア首相は最後の訪米で、ホワイトハウスの「クイーンズ・ベッドルーム」に宿泊した。かつて、チャーチル首相も泊まった部屋だ。イラク戦争の評価を「歴史」に委ねたブレア首相のことだから、チャーチルに重ね合わせて自らの歴史の評価に思いを馳せたことだろう。チャーチルは戦争指導で英雄となりながらも、第2次大戦後の総選挙では国民の支持は得られず、敗北している。

ブッシュ大統領もまた、歴史の評価に期待をつなぐ。彼は、ソ連に「封じ込め」戦略を敷いたトルーマン大統領を好んで引用した。朝鮮戦争（1950〜1953年）で不人気だったトルーマン大統領は、約40年後のソ連崩壊で戦略が正しかったことを証明する。ブッシュ大統領は、アメリカが将来、対テロ戦争に勝利することで、その基礎を築いた信念の指導者として最終的に歴史に名をとどめるという「見果てぬ夢」を思い描いているようだ。

ブレアはなぜ嫌われたか

ブレア首相に対するイギリス国民の評価で特徴的なことは、その政策より、パーソナリティが最終的に嫌われたという点である。これは、サッチャー首相がその政策で嫌われたことと比べると、対照的だ。ブレア首相はなぜ嫌われたのか。イラク戦争のプロセスを追うと、その理由が見えてくる。

ブレア首相の評価を決定づけたのは、戦争に関わる「プレゼンテーション」だった。その最たるものが、大量破壊兵器の脅威を誇張した情報操作疑惑である。２００２年9月の政府報告書には、「イラク軍は45分以内に生物・化学兵器を配備できる」との一文があった。しかし、蓋を開けてみれば、大量破壊兵器自体が見つからない。実態からあまりにかけ離れた報告書の内容に、ブレア政権は国民を欺いて開戦に導いたという不信が高まっていくのである。

発端は、ＢＢＣラジオの朝の報道番組「トゥデイ」の２００３年5月29日の放送だった。イギリスは「ラジオの国」と言っても良いほど、ラジオの地位が高い。その中でもトゥデイは、政治家や官僚らが特に注目する番組だ。なぜなら、この番組に出演する政治家らの発言からニュースが生まれ、政治のアジェンダ（課題）が設定されることも多いからである。

この番組で、国防担当のアンドリュー・ギリガン記者が政府報告書にある「45分以内に配備可能」という部分について、「政府が誤りだと知りながら報告書に盛り込ませた」と報じた。首相官邸が報告書を作成した合同情報委員会に「もっと刺激的に見えるようにしろ」と指示し、報告書は「誇張された（sexed up）」と伝えた。ブレア政権はこの報道を全面的に否定し、BBCに強く謝罪を迫り、両者は全面対決に突入する。

その過程で、ギリガン記者の情報源の実名が国防省から暴露される。デービッド・ケリー博士という人物で、20年のキャリアを持つ国防省の大量破壊兵器の専門家だった。実名公表はブレア首相が主宰した会議で決まったことが、後に明らかになる。公表の狙いは、BBCを屈服させることだった。政権にとって大きな誤算は、ケリー博士が、議会証言で情報源であることを否定した後、自殺（他殺説も流れた）してしまったことである。ケリー氏が遺体で見つかった後、ブレア首相には報道陣からその責任を問う厳しい質問が飛んだ。

「首相、あなたの手は血に染まっているのですか」

社会のムードを端的に捉えた言葉は、たとえ複雑な背景があっても、それを置き去りにして人々の記憶に刻まれるものだ。この質問も、庶民の率直な思いを代弁していた。ブレア政権に対する国民の嫌悪感が凝縮された言葉だった。

ブレア政権は発足当初から、情報をコントロールしようとする傾向が強かった。それは、「スピン（情報が都合の良いように受け止められるよう、その背景説明などで脚色すること）」と呼ばれた。その元締めで、首相報道官などを務めたキャンベル氏（大衆紙デーリー・ミラーの元記者）は「ニュー・レーバーは政策とプレゼンテーションが2つの異なるものだとは考えない」と語っていた。彼は侮蔑を込めて、メディアから「スピン・ドクター」と呼ばれた。

キャンベル的手法が端的に表れ、国民をあきれさせた出来事がある。米同時多発テロの発生直後に、運輸・地方政府省の特別顧問（政治任命）が電子メールで「都合の悪い事を発表するなら今だ」と同省の広報室長らに指示していたことだ。この事実は、官僚の内部告発で明るみに出た。メールの趣旨は、同時多発テロのニュースで新聞やテレビ報道は埋め尽くされるから、発表しても誰も取り上げない、というものだ。そこには、あれほどの衝撃的な事件を前に、犠牲者らへの哀悼のかけらも感じられない。実際、同省はこの日、国民の反発が予想された地方議員の報酬増額の方針を発表したが、全く注目されていない。

その卑劣さが、特別顧問一人の暴走だとは誰も受け止めなかった。多くの国民が、ニュー・レーバーの体質と重ね合わせていた。その見方は、イラクの大量破壊兵器をめぐる情報操作疑惑や、ケリー博士の実名公表にも当てはまった。「国民を欺いてイラク開戦へ導いた」首相というイメージが増幅し、国民のブレア首相への信頼は地に落ちていくのである。

ブレア政権は、ケリー博士自殺の真相解明のため独立調査委員会（ハットン調査委員会）を設置した。イギリスは「検証の国」であり、イラク戦争関連でも3つの独立調査委員会が設けられた。検証はときに、必ずしも日本人が考えるほど立派なものではなく、政府の「みそぎ」に終わることもある。しかし、それはそれでまた、一つの問題にけじめをつけて「前へ進む」ための知恵でもあるのだが。

ハットン調査委員会の焦点は、「ケリー博士氏名公表でのブレア首相の関与」と「大量破壊兵器の情報操作疑惑」の真偽を明らかにすることだった。半年間をかけて作成された報告書は、上記2つの問題で「ブレア首相の責任」は認められないとした。しかし、その判定は微妙で、国民の疑念を晴らすものでは到底なかった。

報告書はケリー博士の問題について、氏名公表を決めた会議をブレア首相が主宰していたことは認定しながら、「首相が公表に重要な役割を果たしたと決定づけるものではない」と歯切れが悪い。情報操作疑惑については、報告書自体は「適正に作成された」としながらも、ハットン委員長は「イラクの大量破壊兵器の脅威をできるだけ強調したいというブレア首相の願望が、（報告書作成の）最高責任者だったスカーレット合同情報委員会委員長らに潜在的な影響を及ぼし、表現を強めた可能性を完全には否定できない」と語った。調査により、キャンベル氏が報告書作成者に、脅威を強めるよう働きかけていたことも明らかになった。ハットン調査委員会は、要するに、「疑わしきは罰せず」という原則を貫いただけなのである。

一方で、ハットン報告書は、「政府が誤りだと知りながら『45分以内に配備可能』という情報を報告書に盛り込ませた」とするギリガン報道を「事実無根」だと断定した。この報告書を受け、BBC側ではデービス会長とダイク社長というトップ2人が引責辞任する。ブレア政権と公共放送BBCの前代未聞の戦いは、ブレア政権の「勝利」に終わった。しかし、情報操作疑惑とケリー博士氏名公表問題が、イラク戦争の泥沼化以上に、ブレア首相の指導者としての信頼性に決定的ダメージを与えたことは疑いない。

当時のイギリス社会のムードを簡単に表現するなら、国民はブレア政権の「胡散臭《うさん》さ」にうんざりしていた。2004年1月のガーディアン紙の世論調査では、ケリー博士の氏名公表を支持していないと釈明したブレア首相は「うそをついている」と見なす回答者が48％にも及んでいる。

ブレア首相の台頭と失墜は、メディア戦略と一体だった。それではなぜ、ブレア首相は、メディア対策にこだわったのだろうか。ここで思い出してほしいのは、先に詳述したホワイトハウスでのブッシュ大統領との最後の記者会見である。

イギリス・メディアの仮借なき追及。相手が誰であろうと、一旦相手の「弱み」に食いついたら、自分たちが満足いく結果を得るまで離そうとしないその執拗さ。この特性を捉え、ブレア首相はイギリス・メディアを「野生の獣（Feral Beast）」と呼んでいた。ここに、ブレア政権がメディア対策を重視した理由は明らかだろう。ニュー・レーバーのスピン文化は、「攻撃は最大の防御」を地で行くものだったのである。

ブレア政権が誕生するまで、労働党は党創設以来、2期連続で政権を全うしたことがなかった。ブレア首相にとって、究極の目標は2期連続で政権を全うすることだった。そのために操縦しなければならなかった（そう思い込んだ）のが、イギリス・メディアという「野生の獣」だったのである。メディア対策は「（政権の）仕事の最も難しい部分だった」。彼はそう告白している。

ブレア政権のメディア戦略を牛耳ってきたキャンベル氏は2003年8月、ハットン調査委員会の調査開始後に辞任している。ミイラ取りが、ミイラになる。結果的に、スピン文化はブレア政権のためにならなかった。ブレア首相は、それまでのメディア戦略が政権にとってプラスよりマイナスの影響が大きいことを悟ったのだろう。情報操作で政権運営がうまく回り続けるほど、有権者は甘くなかった。ブレア首相は執拗なまでにメディア対策を重視しながら、最後は、メディアに牙をむかれた。

イラク大量破壊兵器の情報操作をめぐるブレア政権とＢＢＣの対決は、表面的にはブレア政権側に軍配が上がった。しかし、実態は、ＢＢＣと刺し違えたのである。

◇　◇　◇

それにしても、イラク戦争でイギリスが払った代償は大きかった。

この戦争に対するイギリス国内での反発の強さは、開戦前の２００３年2月、ロンドンで史上空前の１００万人規模の反戦デモが組織されたことが物語る。ブレア首相はイラク開戦のほぼ1年前、２００2年4月のブッシュ大統領との会談で、戦争になった場合はイギリス軍も参戦するという言質《げんち》を大統領に与えた。まず参戦の決定ありきで、大量破壊兵器の脅威はその理由付けに過ぎなかったようだ。参戦への国民の理解を得るために、「イラクは45分以内に生物・化学兵器を配備できる」とする報告書が公表されたのは、その5ヵ月後の同年9月である。イラク戦争の真の目的は、大量破壊兵器の廃棄ではなく、フセイン独裁政権の体制転換だった。

英米両国が開戦を急いだ理由は、時間が経過すれば、イラクに大量破壊兵器の脅威がないことが分かってしまい、独裁政権を倒すという「真の目的」を果たせなくなるからだったという指摘もある。この見方に立てば、ブレア首相が脅威の「誇張」に走った理由も理解できるだろう。

イギリスはイラク戦争で、179人の兵士を失った。戦争の大目的は、世界をより安全な場所にすることだった。しかし、イギリスではその後、2007年に史上最大のテロ事件が起き、テロの脅威は逆に高まる。イラク戦争とは一体、何のための戦争だったのか。イギリス人なら誰もが問いただしたくなる疑問である。

ブレア首相は、イラクで最終的に大量破壊兵器が見つからないことが明らかになると、「自らの失敗」として謝罪するのではなく、「情報の失敗」に責任を押しつけた。その一方で、ブレア氏は首相辞任後のわずか数年間で、講演や投資銀行の顧問料などで1500万ポンド（約27億円）も稼いだとされる。国民の憤りの矛先が、ブレア氏のパーソナリティに向かうことは自然だった。

外交巧者と言われるイギリスにとって、イラク戦争は、大英帝国の終焉を早めたスエズ危機以来の外交的大失態となった。

アメリカを利用した世界戦略

それにしても、ブレア首相はなぜブッシュ大統領に寄り添ったのか。戦後の英米関係は「特別な関係」とされ、常に軍事行動を共にするというイメージが強いが、必ずしもそうではない。ベトナム戦争の際、ハロルド・ウィルソン首相（労働党）はアメリカの圧力をはねのけ、参戦しないという選択をしている。ブレア首相にとっても、イラク戦争をめぐってはさまざまな選択肢があったはずだ。しかし、ブッシュ大統領の「プードル犬」と呼ばれても、全面的な参戦という道を選んだ。その理由を考えるとき、筆者には、対米関係を良好に維持するためだけに、ブッシュ大統領と行動を共にしたとは思えないのである。

ブレア首相は、この点に関し、何度か発言している。その内容をいくつか見てみたい。

「我々が多くの問題でアメリカと共にある理由は、それが我々の国益であるからだ。我々は同じように考え、同じように感じる。我々は何か問題があれば、行動しなければならないという同じ信念を持つ」（BBCとのインタビュー）

この開戦前の発言は、2つのアングロ・サクソン国家という英米の近似性の認識に基づく主張である。ブレア首相は、別のインタビューで「ワシントンへの政策に影響を行使する以上、我々はアメリカだけに厄介な問題を押し付けることはしない」とも述べている。アメリカを支えることでその影響力を維持するという戦後イギリス外交の基本的な戦略を説明したものだ。

ここまでの発言は、大英帝国が衰退する中で、イギリスが「2つのアングロ・サクソン国家」と「特別な関係」という定義を駆使して自分たちの影響力維持に努めてきた基本的スタンスから外れるものではない。注目したいのは、次の発言である。

「アメリカ国内には、自分たちだけで、自分たちのやり方で、完全に一国主義的に行動すべきだという勢力がある。(アメリカに対し)『世界には、あなたたちと一緒に行動することができる良き同盟国がある』と絶えず言い続けることは我々の役割の一部である」(ガーディアン紙とのインタビュー)

ブッシュ政権は、イラク戦争だけでなく、地球温暖化対策の京都議定書からの離脱などその単独行動主義で評判が悪かった。同時多発テロ後、ブッシュ大統領は対テロ戦争に乗り出す中で、「いずれかの時点で我々(アメリカ)は一人きりになるかもしれない。それでも私は構わない。私たちはアメリカ人なのだから」と悲壮なまでの決意を示している。アメリカは歴史を振り返れば、本質的に国際社会への関与を嫌う、内向き志向の国だ。そんなアメリカを、20世紀の2つの世界大戦に引っ張り出すことにより自由主義世界を守ったのはイギリスである。

冷戦後のアメリカは、唯一の超大国として、新たな帝国の出現を連想させる気配があった。呪縛を解かれた巨人ガリバーにも例えられた。そんな超大国を完全に孤立させれば、世界は、政治・外交分野に止まらず、経済も含め多方面にわたって多大なリスクを背負いこむことになる。ブレア首相がブッシュ大統領に寄り添った背景には、アメリカを孤立させ、暴走させてはならない、という危機感があったのではないか。実際、イラク開戦の経緯で、ブレア首相はアメリカの「暴走」を止めようとしている。

ブッシュ政権では、ネオコン（ネオコンサバティズム＝新保守主義）と呼ばれる勢力が幅を利かせていた。チェイニー副大統領や、ラムズフェルド国防長官らがその代表格で、彼らは超大国アメリカの行動は何者にも縛られるべきではないと考える。イラク開戦では、国連で武力容認決議を得る必要などない、と考えていた。国際社会の多数派は、開戦には「新たな国連決議」が必要との立場で、アメリカと国際社会の亀裂は深まるばかりだった。反イラク戦争の急先鋒だったフランスへの反感から、アメリカ議会の食堂で「フレンチ・フライ」という呼び方を止めたというエピソードが生まれたのもこのときである。

ブレア首相はこのとき、ブッシュ大統領を説得し、武力容認決議を得る努力をすることに同意を取り付ける。日本経済新聞の「私の履歴書」（２０１１年4月21日付）で、ブッシュ大統領はこの時のことをこう振り返っている。

「2つ目の決議（武力容認決議）提出の背景には、イラク問題で激しい反発を国内で受けているトニー（ブレア）の事情も絡んでいた。野党だけでなく、与党・労働党の一部からも突き上げを食っていた彼の身を案じ、私は受話器に手を伸ばした。私がまとめあげた対イラクの『有志連合』から離脱して、自らの政権を維持した方がいいのではないか、と伝えた。だが、彼はこう言った。『あなたの側につくと言った。これは最後までやり抜く』」。

そして、ブッシュ氏はこう締めくくる。「（ブレア首相は）米英関係の重要性も良く理解し、戦略的に物事を捉えることができた。トニー・ブレアという政治家こそ、真のステーツマンと呼ぶにふさわしい人物だった」。

開戦の大義とした大量破壊兵器が見つからなかったイラク戦争が、「間違った戦争」であったことは今となっては否定しようがない。国連の武力容認決議案もフランスが拒否権発動を示唆したため投票にすら至らなかった。しかし、ブレア首相がぎりぎりまで、国連を舞台に国際社会を結束する外交努力を続けたことは記憶されていい。

ブレア首相はまた、米同時多発テロ発生翌日にブッシュ大統領から電話を受けた際、「迅速な行動か、効果的な行動かを選択しなければならない」と大統領を諭してもいる。テロへの反撃で拙速な行動は控えるべきだと提言したものだ。ブレア首相がブッシュ大統領とのパイプを使い、時に、アメリカの軌道修正を試みていたことは確かであり、イラク戦争をめぐるブレア首相の評価を単に対米追随の「プードル犬」と断じるのはフェアではない。その姿勢は逆に、アメリカに追随してイラク戦争を支持しただけの日本の小泉純一郎政権の「外交無策」を浮き彫りにするものではないか。

◇　◇　◇

ブレア首相は、イギリスでは不人気だったが、アメリカでの一般的な評価は高い。イラク戦争の緒戦は、地上軍侵攻から20日で首都バグダッドを陥落させ、サダム・フセイン政権を打倒するという快進撃ぶりだった。ブッシュ大統領は5月1日、早々と大規模戦闘の終結宣言を行う。ブレア首相はその2ヵ月半後の7月17日、アメリカの上下両院合同会議で演説し、イラク戦争を断行した英米の連携を称《たた》え、「正義と民主主義を愛するアメリカ」を称賛。最終的にイラクで大量破壊兵器が確認されなくても、圧政を敷いたフセイン政権を打倒したことで「歴史は我々を許してくれると信じる」と主張し、「我々（イギリス）の役割はアメリカと共にあることだ。アメリカが一人になることはない。我々はこの自由のための戦いであなた方と共にある」と熱弁をふるった。

演説は、拍手とスタンディング・オベーションで35回も中断されるほどの熱気に包まれた。米議会でイギリス首相が演説の栄誉に浴したのはチャーチル、アトリー、サッチャーに次いで4人目だった。

米議会は2003年7月、ブレア首相にアメリカ最高のゴールド・メダルを授与することを決めた。しかし、ブレア氏はこのメダルを受け取っていない。アメリカでの高評価は、国内の反ブレア感情を逆撫でする効果を生むため、メダルを受賞し、メディアで取り上げられることを避けたかったのだろう。アメリカでの高評価が自国で反発を呼ぶ。この現象自体が、21世紀初頭の2つのアングロ・サクソン国家、米英関係の現状を知らしめるのである。

イラク戦争が変質させた米英関係

米英両国の「特別な関係」は、東西冷戦というイデオロギー対立の時代が深まるにつれ、実体を帯びるようになった。ソ連という共通の敵を前に、自由と民主主義の擁護者として米英が結束するのは自然でもあった。自由世界を守るために軍事力を派遣する意思とその十分な能力を持った国は、アメリカとイギリスしかなかったからだ。冷戦崩壊から米同時多発テロが起きるまでの約10年間、自由主義の勝利や「歴史の終わり」がうたわれた。しかし、その実態は、世界的な大戦争の脅威は遠のいたものの、冷戦で蓋をされていた民族紛争が多発するようになるというものだった。

ブレア首相はこうした時代状況下、国際社会を支配してきた内政不干渉という大原則に挑戦し民族浄化や大規模な人権弾圧がある場合には、国際社会は積極的にその国に介入すべきだとする「人道介入主義」を提唱する。このリベラルな理想主義を実際に適用したのが、旧ユーゴスラビアのコソボ紛争だった。北大西洋条約機構（NATO）軍のユーゴ空爆を政治的に引っ張り、コソボ紛争を終結させたことで、ブレア首相は国際社会の新たなリーダーとして一躍脚光を浴びた。続いて起きたのが、米同時多発テロと対テロ戦争、イラク戦争だった。ブレア時代、イギリスは海外派兵でローラー・コースターに乗ったかのような体験をする。コソボでの「成功体験」から、イラクでの「喪失体験」へ。この経緯を経て、イギリスはイラク戦争から教訓を引き出そうとし、アメリカとの「特別な関係」を見直す動きへつながっていくのである。

ＢＢＣ記者を長年務めたマーティン・ベル元下院議員は、ブレア政権を厳しくこう批判した。「『特別な関係』という幻想がブレア首相をイラク戦争へと走らせた。幻想から覚めて、我々は衰退する中級国家になったことに気づいた」。

イギリス下院外交委員会は２０１１年３月、英米両国の「特別な関係」はもはや実体を示していないとする報告書をまとめる。２４４ページに上る報告書は、「特別な関係」という言葉は、「英米関係がイギリスにもたらす利益について非現実的な期待を生む」と指摘し、「その使用は避けるべきだ」とまで提言している。イラク戦争の悪影響では、ブレア首相が突出した形でブッシュ大統領を支えたことを捉え、「イギリスはアメリカの従順なプードル犬だという認識が海外に広がったことは、イギリスの評価と国益を大きく傷つけた」との認識を示した。その上で、「イギリスがアメリカを常に敬う必要はなく、利益が異なる場合は、ノーと言うことを厭《いと》うべきではない」と勧告した。報告書の公表に際し、外交委のゲプス委員長は「長期的に見て、イギリスが過去のようにアメリカに影響力を行使することはできなくなるだろう」と予見した。

「特別な関係」の見直しは、アメリカに黒人初のオバマ大統領が誕生したことで加速する。オバマ氏の異色さは、アングロ・サクソンの紐帯を意識するイギリス人の視点から見ると、一層際立つのだろう。オバマ氏は、ブッシュ大統領のように、「自由」や「民主主義」といったアングロ・サクソン的価値観を世界に広げようとはしない。オバマ大統領は、父方の家系がイギリスの旧保護領ケニアにあり、祖父がイギリス支配下で半年間拘束され、軍人に殴られたという出来事を明かしてもいる。

オバマ大統領は2009年4月にロンドンで開かれたG20の記者会見で、米英関係についてこう語っている。

「ルーズベルトとチャーチルがブランディを片手に2人だけで話し合う。以前、世界の構造が決められたときはそうだったかもしれない。それは、より容易な交渉だろう。しかし、我々が住むのはそんな世界ではない。また、そんな世界であるべきではない」

オバマ大統領就任後、イギリス・メディアではアメリカへの不満が目立つようになる。タイムズ紙の社説(2009年11月27日付)は、「ホワイトハウスはもはや大西洋を挟んだ同盟国の反応や政治をチェックしていないようだ。イギリス政府内には、自分たちの声がかつてほど考慮されていないという懸念がある」と書いた。

「特別な関係」に対する悲観論の背景には、国際情勢の様変わりもある。世界の経済センターが東アジアへシフトする中、オバマ政権は「アジア回帰」を打ち出した。イスラム過激組織の伸長などで混迷する中東からも目が離せない。冷戦時代とそれに続く東欧・旧ソ連の再編の時代には、アメリカの戦略的焦点は欧州にあったが、その時代は終わったのである。アメリカにとって、ウクライナ情勢などの懸案はあっても、欧州の地政学上の戦略的価値は低下し、関心が低くなっているのが実情だ。

英米関係の地盤沈下には、また、欧州におけるリーダーシップの変質も影響を与えている。欧州では従来、安全保障面では英仏が、地域統合問題では仏独が主導権を握り、誰が欧州を代表するリーダーなのかはあいまいだった。キッシンジャー元米国務長官がかつて「欧州と話したいとき、誰に電話したらいいのか」と語ったことは、その実情を象徴する逸話である。

イギリスは戦後、アメリカと大陸欧州の間の「橋渡し役」となることで、アメリカへの影響力を確保してきた。大陸欧州に一定の影響力を持つイギリスの存在は、アメリカにとっても有益だった。しかし、リーマン・ショック後の欧州金融・債務危機の事態打開を図るプロセスで、欧州のリーダーはドイツであることが鮮明になった。欧州での影響力を低下させるイギリスは、アメリカにとって価値が低下している。

こうした事情を背景に、キャメロン首相は2010年7月、就任後初の訪米を前に方針転換を示唆する発言を繰り返す。イギリスをアメリカの「ジュニア・パートナー（格下の相手）」と敢えて位置づけたのだ。米タイム誌とのインタビューで、「我々はこの（英米）関係においてジュニア・パートナーであり、米国が大西洋国家であると同時に太平洋国家であることをわきまえなければならない」と述べた。自らを「ジュニア・パートナー」と明言してみせた真意はどこにあるのか。対米依存著しい日本ですら、アメリカとの「対等な関係」を求めていることを考えれば、いかに唐突感のある発言であるか分かるだろう。この発言について、イギリス外務省高官に話を聞いたが、この高官ですら「外務省の誰もが（発言の）真意を測りかねている」と口にしていた。

キャメロン首相がジュニア・パートナー発言に込めたメッセージは、イギリスの国力に対する客観的な自己評価に基づくものだろう。アメリカだけでなく、イギリスもイラクやアフガニスタンでの対テロ戦争で国力を疲弊させた。キャメロン政権の最大の政策課題は、財政赤字の削減であり、2010年からの5年間で国防予算も8％削減せざるを得ない状況だ。国防費削減により、3軍と国防省のスタッフは4万2000人もの大幅リストラとなる。

こうした背景から読み解けば、キャメロン首相のジュニア・パートナー発言は、超大国アメリカと行動を共にする限界を認識したものだと言える。首相は、アメリカに向けて「軍事行動などで無理な要求はしないでほしい」というメッセージを送り、イギリス国内向けには英米の「特別な関係」にこれ以上過大な期待はするな、とのシグナルを発したと見るのが妥当だろう。

そして、「特別な関係」という言葉自体が、両国首脳により見直されることになる。オバマ大統領が2011年5月に訪英した際、キャメロン首相と連名でタイムズ紙にあてた寄稿で、新たに両国関係を「必要不可欠な(essential)関係」と位置づけた。英米関係は明らかに転換期にある。

イギリス、アメリカ、そして世界

イギリスとアメリカという2つのアングロ・サクソン国家が近代世界の秩序形成を主導してきたことは疑いない。イギリスは18世紀に海洋覇権を確立し、「パックス・ブリタニカ(イギリスによる平和)」の時代が到来した。その覇権は20世紀前半にアメリカへ移り、「パックス・アメリカーナ(アメリカによる平和)」の時代が幕を開けた。英米両国がその覇権により守ろうとしたものは、自由な貿易体制である。経済的優位性を持つ覇権国家にとっては、自由経済こそが国益だからである。

イラク戦争もこの視点からみると、別の様相を呈す。この戦争に対する一般的な理解は、大量破壊兵器は表向きの大義であり、アメリカがイラクの石油権益を狙った「石油のための戦争」だったというものではないか。しかし、その見方はステレオタイプに過ぎる。

イラク戦争のころは、アメリカでまだシェール・オイルのブームが起きておらず、世界のエネルギー需給予測は逼迫していた。世界経済が発展し、アメリカが潤うには、国際市場に石油が安定的に供給されなければならない。アメリカの経済的な思惑とは、フセイン政権下にあったイラクの石油を国際市場に自由に流通させることであった。だから、歴史に「イフ」はないとは言え、イラク開戦前にシェール・オイル・ブームが起きていたなら、アメリカはイラクに侵攻しなかったかもしれない。

英米両国が築き、守ろうとしてきたリベラルな資本主義世界の秩序は21世紀の初頭に大きく揺らいでいる。冷戦後の世界では、唯一の超大国アメリカによる一極支配体制が、対テロ戦争による財政的、心理的疲弊で瞬く間に瓦解した。

そして「ポスト冷戦後」の世界秩序は摑みどころがない。一部の専門家は、米中2ヵ国が主導するG2時代と呼び、リーダーがいないGゼロと呼ぶ向きもある。さらに、多極化世界、無極化世界とも呼ばれる。世界秩序の捉え方におけるコンセンサスの不在は、流動化する国際秩序の在り方を象徴するものだ。

オバマ大統領のアメリカは、国際問題全般への関与を著しく低下させた。対テロ戦争に膨大な軍事費を費やし、リーマン・ショックに伴う金融・財政危機が追い打ちをかけ、アメリカ自体の「再建」が急務となったからだ。アメリカは今後、重大な国益に関わる国際問題にだけ深く関与する「選択的超大国」となるだろう。

繰り返しになるが、アメリカは元々、内向きの大国である。そのアメリカを国際舞台に引き出すのに大きな役割を果たしてきたのが、イギリスだった。そのイギリスは、世界的な問題でアメリカを支える意思も、能力も低下させている。その具体例が、イラクとシリアで支配地域を拡大したイスラム教スンニ派過激組織「イスラム国（ＩＳ）」への対応である。

アメリカは２０１４年8月、ＩＳが支配するイラク領内への空爆を始めた。２０１１年末の米軍のイラク撤退後では初の同国への空爆である。しかし、そこに、盟友であるはずのイギリス軍の姿はなかった。１９９１年の湾岸戦争開戦、１９９９年のユーゴ空爆開始、２００１年のアフガン開戦、２００３年のイラク開戦など、冷戦後にアメリカが主導した戦争でイギリスが開戦時に肩を並べなかったことはない。アメリカは9月22日には、アラブ5ヵ国とともにシリア領内のＩＳ支配地域への空爆にも踏み切るが、そこにもイギリス軍の姿はなかった。

ＩＳはイラク戦争中に同国内で誕生した過激組織であり、イラク戦争の「落とし子」とも言える。アルカイダとは違い、支配地域と疑似国家的な統治構造を持つまでに成長してしまったことで、容易には撃退できないだろう。このＩＳに対し、イギリスがその重い腰を上げるのはアメリカの空爆開始から1ヵ月半以上も経過した9月30日のことである。それも、議会が承認したのはイラク領内への空爆だけで、シリア領内への空爆は認めていない。国際法違反の声が強いからである。アメリカは、イラク領内への空爆はイラク政府の要請に基づくものだと正当性を訴え、シリア領内に関しては、ＩＳがシリアからイラクへ侵攻していることを捉え、イラク政府との集団的自衛権を行使するものであると法的正当性を主張している。

これに対し、イギリスの野党・労働党はシリア領内空爆には国連安保理決議が必要との立場を示し、キャメロン首相はシリア領内への空爆参加には「検討を要する」と後ろ向きの姿勢を見せた。

イラク領内への空爆参加を見ても、イギリスの参加は、フランスやオランダ、ベルギーよりも遅かった。米英関係をフォローしてきた筆者には、隔世の感を覚える出来事である。これも、イラク戦争の後遺症であり、米英関係の変質を物語るものだろう。２０１４

年10月のIPSOS-MORIの世論調査では、「関係が重要な国」を聞いた質問に対し、アメリカを挙げた回答者は約2割しかいなかった。

21世紀初頭の世界情勢を簡潔に説明するなら、こんな感じではないだろうか。国際テロ組織「アルカイダ」がアメリカに向けて放った同時多発テロという一本の巨大な矢が、史上最強の帝国と言われたアメリカを狂わせた。最新鋭の兵器と自爆テロが戦うという、非対称性の対テロ戦争で、米英軍は各地の戦闘には勝利できても、戦争自体には勝てなくなった。そして、アメリカは「世界の警察官」を務めるだけの気力を失う。盟友イギリスも国力を疲弊させ、2つのアングロ・サクソン国家の結束は緩んでいく。その結果、世界はリーダーを失い、進むべき方向性を見失い、乱気流の時代に突入していった。

◇　◇　◇

「我々が協調することは世界にとって幸運だ。英語諸国民により専制政治は阻止され、自由が回復されてきた」。サッチャー首相は2つの世界大戦や東西冷戦、湾岸戦争などを念頭にそう語ったことがある。ブレア首相にとってイラク戦争は、輝かしい英米協調の新たな一章になるはずだった。しかし、その歴史の歯車は今、大きな音をたてながら、軋んでいる。

2つのアングロ・サクソン国家が世界を主導するという物語は幕を下ろそうとしている

のである。

コラム⑤

チキンティッカ・マサラ　融合する多民族文化

イギリスは「食事がまずい」と思い込んでいる日本人は多い。確かに、以前のイギリス人は、食べることにあまり関心を示してこなかった。レストランでの外食は、南欧の異文化だと思っていた節がある。ＢＢＣの自然ドキュメンタリーで国際的に知られるデービッド・アッテンボロー氏にインタビューしたとき、「未開のジャングルで何が食べたくなりますか」と聞くと、彼は冗談交じりにこう答えたものだ。イギリス人にとって、食事とは、〝楽しみ〟ではなく、生きるための〝燃料〟である、と。

しかし、世界からカネとヒトを引きつけ、グローバル世界の首都と言われるようになった現在のロンドンは、国際的なグルメ都市に変貌している。オフィスワーカーの持ち帰りランチの人気定番は今や「お寿司」。エスニック料理は多種多様だが、中でも、インド料理はイギリスが世界で一番おいしいという説もある。

旧植民地のインド亜大陸から渡ってきた移民がイギリス人の口に合うようにアレンジした結果だとか。イギリス人の味覚を考えると、ちょっと首を傾げたくなるが、その真偽はともかく、イギリス生まれのインド料理の代表格が「チキンティッカ・マサラ」というカレー料理であることは疑いない。敢えて日本語にするなら、「炭火焼きチキン入り超まろやか風味カレー」とでも呼ぶべきか。確かに、これは美味である。

イギリスでカレー料理の総本山と呼ばれるのが、ロンドン東部のリバプールストリート駅に近いブリック・レーンだ。インド料理のレストランがずらりと並び、スパイスの香りが漂う。異国情緒たっぷりのこの通りにあるレストラン「クリフトン・ブリック・レーン」の評判を聞き、訪ねてみた。

この店のチキンティッカ・マサラは、サフラン色のマサラ（カレー）の上に、少量のクリームとオニオン・フライ、アーモンドをトッピング。具は、店内のタードール（円形の窯）で炭火焼きした骨なしチキンだけというシンプルさ。食すと、最初は甘過ぎると思うほど甘いのだが、そこはスパイスの効いたカレーである。徐々にピリピリし始め、口の中で「甘さ」と「辛さ」が絶妙に同居し始める。セイヨウナシやニンジンなど多様な果物と野菜を形がなくなるまで煮込んだマサラの重厚な食感は、「これは本物だ」と唸りたくなるほどで、食後も口の中で心地良さがずっと続いた。

この店のシェフ、ラシエル・アーメッドさんはバングラデシュからの移民。何でも、イギリスのインド料理店は「インド」の看板を掲げながらも、そのオーナーやシェフの8〜9割がバングラデシュ系なのだという。アーメッドさんはその理由を「我々バングラデシュ人はカレーを作るのがうまいのです」と説明した。

チキンティッカ・マサラの起源には諸説あるが、最も広く受け入れられているのが次のような説である。

1960～70年代（実にアバウトだが）のこと。あるレストランで、出てきたチキンティッカ（ターンドールで焼いた鶏肉）に客が文句をつけた。「こんな乾いた料理は食べられない。ソースをつけろ」。困った料理人は即興で手元にあったトマトスープやクリーム、スパイスでソースを作って出し直したところ、これが評判になったというものである。こうした経緯だから、チキンティッカ・マサラには正統な調理法がなく、1998年に行われたある調査ではイギリス全土で50種類近いレシピーが確認されたという。

この料理は今や、「フィッシュ・アンド・チップス」と並ぶ国民食と言われるほどイギリスでは人気がある。故ロビン・クック元外相は2001年の演説で「チキンティッカ・マサラは今や真のイギリス料理だ。この料理は最も人気があるだけでなく、（多民族社会の）イギリスが外国の影響を吸収するやり方を完璧に体現しているからである」と語っている。

移民社会、多民族国家のポジティブな面は、様々な要素がフュージョン（融合）することにより、料理を含む新たな文化を生み出すことだろう。ささやかなエピソードではあるが、チキンティッカ・マサラは、その象徴なのである。

第６章

イギリス経済の復元力

グリニッジから見た新金融街カナリー・ワーフの高層ビル群　写真：著者撮影

「開かれた経済」という理念

ロンドンの金融街シティの東に位置するカナリー・ワーフ地区は、HSBCやバークレイズ、シティバンクなどの銀行や大手会計事務所などが本拠を構え、約10万人が働く新金融街だ。テムズ川沿いの一帯はかつて世界最大の港湾地帯だったが、貨物船の大型化・コンテナ化などで廃れ、波止場や倉庫街は見捨てられていた。一帯の再開発が始まったのは1980年代のことで、カナリー・ワーフ地区を高層ビルの建ち並ぶ近代街区に発展させたのは、サッチャー革命を受けて成長する金融機関のオフィスビル需要だった。

ドックランズと呼ばれる一帯の名称には「カナダ・ウォーター」や「東インド・ドック」など世界各地の地名を冠するものが多く、大英帝国の版図の広大さを今に伝えている。カナリー・ワーフの「カナリー」は、大西洋に浮かぶスペイン領カナリア諸島との結びつきを示す。古い街並みが主流のロンドンにおいて異彩を放つ高層ビル群。この新金融街について、イギリス人の友人はこう話した。

「カナリー・ワーフにはアメリカン・ドリームのイギリス版がある」

その意味するところは、こうだ。イギリスでは、階級意識を引きずる保守的な社会風土の下、「競争」より「調和」が尊ばれ、両親の背中を見て育つ若者たちも「階級」を越えた職業的野心、上昇志向を持たない傾向が強かった。この社会に、アメリカ的な競争原理と能力主義を持ち込んだのがサッチャー革命であり、その先駆的な実践場となったのが金融業界だった。伝統のくびきから解放され、努力と実力次第でリッチマンになれる夢を持てる時代の到来を象徴したのがカナリー・ワーフであるという訳だ。

今のイギリス社会は、競争をよりポジティブに受け止めるようになっている。サッチャー革命には、伝統社会の職業観に風穴を開けるという精神面の効果もあったのである。

リーマン・ショック後の金融危機では、アメリカだけでなく、イギリスの金融機関もその混乱を招いた張本人として、厳しい非難を浴びた。危機の根底には、行き過ぎた競争があった。桁外れの成功報酬を目の前にぶら下げられた金融マンたちは、高リスクを気に留めず、短期的な業績をあげることに奔走した。その実情は、「強欲資本主義」「カジノ経済」という言葉が物語る。一連の危機で、イギリスの金融街シティとカナリー・ワーフは、米ウォール・ストリートと並び、国際社会で信用を失墜させ、信頼回復への長い道のりを歩むことになる。

一方で、この草稿を執筆している2015年春の段階で、英米両国は、景気が低迷するユーロ圏やアジア、新興国を尻目に、リーマン・ショックから経済をいち早く復活させている。イギリスの2014年の経済成長率は3・2％と予測され、先進国の中ではトップだ。驚くべきことにイギリスは、経済復活と同時に国民に大きな負担を強いる超緊縮財政を同時に行っている。経済学の〝常識〟では、財政支出を削減すれば、必然的に公共事業の縮小を招き、成長回復にはマイナスのベクトルが働く。現に、安倍晋三政権は、3本の矢のひとつとして、公共事業の拡大を行っている。

緊縮財政による財政赤字削減を優先する主な狙いは、将来的な金利高騰のリスクを排除することと、国民の消費マインドを萎《な》えさせないことだ。国の借金が膨らめば、金利を押し上げる要因となる。また、借金が増えて国家財政が逼迫すれば、国民は将来の増税や福祉削減に不安を覚え、財布の紐を固くする。しかし、緊縮財政は国民にも痛みを強いて、経済が失速する危険をはらむ。イギリスはいかにして、これを成し遂げつつあるのか。

◇　◇　◇

2012年11月26日。オズボーン財務相は世界の金融界をあっと言わせる。イングランド銀行（BOE）の新総裁に現職のカナダ中央銀行総裁、マーク・カーニー氏（当時47歳）を抜擢する、と議会で表明したのだ。320年近い歴史を誇るイギリス中央銀行のトップに外国人を据えるのは初めてのこと。他国の中銀総裁をヘッドハンティングするというのは、かなりのサプライズ人事である。この意表を突いた総裁人事に対し、議会もメディアも概ね好意的な反応を示したことが、「世界で最も開かれた国」（タイムズ紙）イギリスの柔軟性を国際社会に改めて知らしめた。

この人事は、任期満了を控えたマービン・キング総裁の後任を決めるものだった。財務省とイングランド銀行は、エコノミスト誌に「国籍不問」で総裁募集の公告を出していたが、カーニー氏は応募していない。彼に目をつけたのは、オズボーン財務相自身である。カーニー氏は、米投資銀行ゴールドマン・サックスで民間の経験を積み、G20加盟国の金融規制を調整する金融安定理事会（FSB）議長などを経て2008年2月にカナダ中銀総裁に就任。リーマン・ショック後の危機を果敢な金融緩和で乗り切り、その手腕は高く評価されていた。「実績、資質両面で最適任」と見込んだオズボーン財務相が、渋るカーニー氏を口説き落として重責を引き受けてもらったというのが真相である。

外国人抜擢には、別の狙いもあった。リーマン・ショック後、評価を落としていたイングランド銀行の刷新である。イングランド銀行は金融危機への対応で後手に回り、政府は銀行救済のために巨額の公的資金を投入するはめになった。また、2012年には、英金融大手バークレイズなどが金融商品作りの基準金利となる「ロンドン銀行間取引金利（LIBOR《ライボー》）」を不正操作していたというとんでもない事態が発覚。次期イングランド銀行総裁の本命と見られていたポール・タッカー副総裁が不正に関与していた疑惑も浮上していた。イングランド銀行を「過去の誤り」と決別させるためにも、新総裁に外国人を据えることは大きな意味を持ったのである。

このサプライズ人事を逆の視点から見てみよう。カーニー氏にとっては任期満了前に母国の中銀総裁を辞任して他国の中銀総裁にジョブ・ホッピングすることになる。カナダ国民にとっては複雑な心境だろう。愛国心に欠けると批判する国民がいるかもしれない。こうした点を考慮すれば、カーニー氏はイングランド銀行総裁を引き受けることに、マイナス面以上の魅力を感じたということだろう。彼の選択は、イギリスには世界の才能を引き寄せる磁力があることの証左に思えるが、どうだろうか。

カーニー氏は2013年7月、新総裁に就任。リーマン・ショックを受けて金融システムの監督権限を強化したイングランド銀行に、有能な外国人が新風を吹き込み、組織の新陳代謝が図られていくのである。

イギリスには、外国に門戸を開き、常に「最適解」を求めようとする気風がある。外国人のオーナーシップを気にしないのは、民間企業だけでなく、国家の重要インフラでも変わらない。その象徴的なケースが、25年ぶりとなる原発新設プロジェクトを外国企業に任せ、中国企業の参入を認めたことである。

イギリス政府は2013年10月、同国南西部ヒンクリーポイントに原発を建設・運営する事業をフランス電力公社（ＥＤＦ）に発注した。そして、ＥＤＦがパートナーに選んだのが、「中国広核集団（ＣＧＮ）」と「中国核工業集団（ＣＮＮＣ）」の中国国有2社であり、イギリス政府はこれを容認している。

計画では、ヒンクリーポイントに仏アレバ社の加圧水型原子炉2基を建設し、２０２３年の稼働を目指す。総工費１６０億ポンド（約2兆８８００億円）は受注業者側が全て負担する。その代わり、イギリス政府は、電力の売却価格を35年間にわたって市場価格の2倍近い1メガワット時92・5ポンド（約1万１６００円）に固定することで、利益を保証する。政府の支出を伴わない公的インフラ整備のビジネスモデルといえるだろう。

25年ぶりに原発新設に乗り出した背景には、電力事業を市場原理に委ねた結果、将来の電力不足が懸念される事態に陥ったという事情がある。イギリスは、ヒンクリーポイントの2基を含め原子炉計8基を新設する方針だ。海外企業への発注には、国内の原発産業が衰退しているという背景があるものの、国家の最重要インフラである原発の建設・運営を外国企業に丸投げするというのは「開かれた経済」の為《な》せるわざであろう。ましてや、核保有国であるイギリスの原発分野に中国企業が参入することには、機密情報が中国に漏洩するのではないか、という懸念も残る。イギリスの判断には、外国を含めて批判があったことも記しておきたい。

イギリスでは、電力小売が１９９９年に完全自由化され、ドイツやフランス、スペインなどの外国企業が参入している。その他の公的インフラでは、ヒースロー空港などを運営するイギリス空港会社（ＢＡＡ）を２００７年に、スペインの大手建設会社フェロビアルを中心にしたコンソーシアムが買収。空港運営は、サッチャー政権時代に民営化され、日本を含む多くの国のモデルとなった。また、赤い２階建てバスで知られるロンドン市内のバス事業は、ロンドン交通局が運営するものの、実際にバスを運行しているのはドイツやフランス、シンガポールなどの企業である。

イギリス人はなぜ、外国人のオーナーシップを気にしないのか。その答えは、イギリスという国家の形成過程に深く関係しているように思える。イギリスの中心民族を歴史的に振り返れば、ケルト人を経てローマ人、アングロ・サクソン人、ノルマン人と様々な民族が登場する。現在の王室の出自を辿れば、ドイツに行き着く。つまり、国家の民族的オーナーシップ自体が絶えず入れ替わってきたとも言えるのである。第２次大戦後、多くの移民を受け入れるが、イギリスはそれ以前から「移民国家」であり続けてきたのだ。

「FOREIGN（フォーリン、外から入ってくる）」なものに対する心理的なハードルの低さは、こうした国の成り立ちが育んできたのだろう。それは、この多民族国家においてイギリス人とは誰なのかと問うとき、人種を問わず「王冠の下に集う者」という緩やかな定義が示されることに通じるものである。最適な人材・企業を求める対象を世界に広げれば、より選択肢が広がることは自明の理だ。イギリスは、世界の覇権言語・英語の国という好条件も手伝い、この単純な真理を実践している国なのである。

ここまで、イギリス経済の強みを「開かれた社会」の視点から見てきたが、経済の現状を幅広く考察する前に、押さえておきたい点がある。それはなぜ、イギリスで産業革命が起こったのかということである。

産業革命はなぜイギリスで起こったか

イギリス国内を旅行し、縦横に張り巡らされた鉄道網や運河、工業都市とその周辺部の有機的なつながりを目にすると、産業革命がこの国に与えたインパクトの大きさに思いが巡る。牧草地に恵まれ、羊が群れる様子は田園地帯にお決まりの光景であり、バーミンガムやマンチェスター、リーズなど工業都市の周辺には炭鉱跡が点在する。世界に先駆けて工業化が進んだイギリス。それを可能にした環境的条件は、羊と石炭に恵まれたことである。

イギリスでは古くから、羊毛を利用した毛織物業が発達し、ヘンリー8世（在位1509〜1547年）が統治した16世紀前半にはすでに有力な毛織物の輸出国になっていた。家内工業である。

この時代に、イギリスの進路に巨大な影響を与える2つの出来事のうち、最初の大事件が起きる。ヘンリー8世自らの離婚問題に端を発し、ローマ・カトリック教会からイングランド国教会（プロテスタント系）を分離し、自らその首長に収まった宗教改革である。各地のカトリック系修道院は解散処分となり、その広大な領地は没収されて王領となった。こうした領地は、王制維持の財源確保のために売却されていくのだが、それを買い求めたのが、貿易商や銀行家、医師ら新興のブルジョワ・中流層だった。ここに、政治・経済的な大きな意味がある。

当時のイギリスでは、貴族と、封建時代の領主に起源を持つジェントリと呼ばれる大土地所有者が特権階級として社会を支配していた。いわゆる「地主貴族層」＝「ジェントルマン層」である。世襲の貴族階級をベースにしながらも、大土地所有者を包摂するジェントルマンという階層は、ある意味で「開かれた制度」である。ビジネスで成功した富裕層には、土地を持つことにより、ジェントルマン支配体制の仲間入りをする道が開かれていたからである。

イギリスの宗教改革は、広大な修道院の領地を市場に放出したことで、ジェントルマン層を急拡大させた。創意工夫に長《た》けた新興ジェントルマンたちは、羊毛ビジネスで稼ぎ、産業を徐々に近代化・多角化し、資本家層へ成長していくのである。

イギリスでは貴族支配体制から一歩踏み出し、柔軟性を持つジェントルマン支配体制が形成されたため、フランス革命のような急進的な社会変革が起きなかったと説明される。経済発展に伴い増加するブルジョワ層を支配体制に取り込むことで、革命のマグマとなる社会的な不満をガス抜きできたからである。ジェントルマン階層というのは、まさに、成文憲法を持たないことに象徴される「イギリス的柔軟性」を体現するものと言えよう。

◇　◇　◇

産業革命への土壌を育んだ2つ目の大事件は、ヘンリー8世の時代から100年以上を経て起きる17世紀の2つの市民革命である。国王チャールズ1世を処刑して共和制を敷いた「清教徒革命」（1642～1649年）と、近代的な立憲君主制の基礎を確立した「名誉革命」（1688～1689年）だ。この革命プロセスにおいて、イギリス社会の近代化を促す法律や制度が導入されていった。中でも、土地所有権が法的に確立されたことは、農業の資本主義的経営をもたらし、その後の農業革命による飛躍的な食料増産と、人口急増をもたらす。食料増産を推進するため、政府主導の「土地の囲い込み（エンクロージャー）」による集約的土地利用が図られ、その結果として、土地や職を失った農民が工場労働者の供給源になるという状況も生まれ、産業革命への環境が整っていく。

この時代にはまた、アイルランド征服やジャマイカ占領などを踏み台に、新大陸やカリブ海、アフリカなどへの海外進出が加速する。資源の供給元、商品の販路としての市場が拡大していくのである。加えて、植民地貿易の独占を狙った航海法の導入などで、イギリス主導の国際貿易秩序が形作られていく。

植民地貿易が生み出す潤沢なマネー、拡大する市場、豊富な資源と労働力。こうした条件が、18世紀中盤になって発明や技術革新と結びつき、機械工業化が進展したのが産業革命だった。中でも、ジェームズ・ワットの蒸気機関改良（1769年）は、産業革命を誘発した原動力に位置づけられる。産業革命の主役は、「蒸気の力」と「鉄」である。彼の発明は、さまざまな機械の動力となり、鉄道や汽船などの開発に道を開いた。

産業革命がイギリスで起こったことに、イギリス人特有の好奇心や創意工夫の才、効率を追求する合理性が大きく貢献したことは言うまでもない。アダム・スミスを生んだイギリスは経済学の「母国」であり、物理学の父アイザック・ニュートンや生物学の父チャールズ・ダーウィンの名を挙げるだけでも、この国の持つ知的創造力を知るに十分だろう。1901年に創設されたノーベル賞の自然科学分野（物理学、化学、医学・生理学）の受賞者数をみても、アメリカの187（全体の約3割）に次いでイギリスは63人で第2位である。

かくして、イギリスは19世紀半ばまでに「世界の工場」となり、世界の主要工業製品の半分近くを生み出すことになる。通貨ポンドは貿易の決済通貨として国際基軸通貨となり、金融街シティは大いに繁栄する。

　イギリスの歴史を振り返り、経済的に国際競争力に秀でた分野を挙げるなら、17〜18世紀が商業・金融業、19世紀が工業、20世紀が工業から金融サービス業への移行期と説明される。

イギリス病の克服

　第2次大戦後のイギリス経済には没落したイメージが強いかもしれないが、そうした苦境に陥るのは1960年代中盤以降のことだ。それまでは、国際社会の復興需要の波に乗って再び「黄金期」と呼ばれるほどの好景気を享受している。アメリカが国内需要に追われ、輸出余力が十分でなかったことが追い風になった。当時のマクミラン首相（在職1957〜1963年）は「こんな良い時代はかつてなかった」と語っている。しかし、その時代は長くは続かなかった。

　いわゆる「イギリス病」の発病である。強い労働組合のストがもたらす労働生産性の低下や、高福祉に伴う労働者の勤労意欲低下などが災いして経済は長期低迷に陥る。福祉国家政策の維持は財政赤字を拡大させる。輸入超過が外貨不足をもたらし、国際収支は悪化する一方だった。イギリスは1967年に通貨ポンドの切り下げを余儀なくされる。

イギリス病の原因としては、労働党と保守党の間の産業政策の一貫性のなさも指摘しなければならない。政権交代のたびに、政策の振り子は国有化と民営化の間で大きく揺れた。その顕著な例は、鉄鋼メーカー「ブリティシュ・スティール」で、国有化（１９４８年）→民営化（１９５１年）→再国有化（１９６７年）→再民営化（１９８８年）といった具合だ。これでは、国際競争力を持つことなど不可能だろう。

高インフレと失業率上昇などで、社会を覆う閉塞感が高まる中、１９７９年に登場したサッチャー政権が市場原理を徹底させることで、イギリス経済は再生する。このサッチャー革命については第3章で触れたので割愛するが、その後のメージャー政権、ブレア、ブラウン両労働党政権もサッチャーの経済路線を基本的に引き継ぎ、１９９２年のポンド暴落、「暗黒の水曜日」以降、イギリス経済は金融、不動産部門が牽引する形で16年に及ぶ景気拡大を続けていく。その右肩上がりだった経済の腰を折ったのが、２００８年に起きたリーマン・ショックだった。

◇　◇　◇

リーマン・ショックを受け、イギリスの２００９年の経済成長率はマイナス５・２％まで下落。しかし、その後、５年ほどで回復する。ＩＭＦの２０１４年10月の予測によると、イギリスの２０１４年の経済成長率は２０１３年の１・７％から３・２％へ上昇し、アメリカの2・2%、ドイツの1・4%、日本の0・9%などを抑えて、先進7ヵ国(G7)中でトップを走る。失業率も約6%と大きな改善を示している。

その功績で評価を高めたのが、財政再建を最優先したオズボーン財務相である。キャメロン連立政権が発足する前年の2009年段階で、イギリスの財政赤字はGDPの約11%に及び、国家破綻が懸念されたギリシャの約14%と大きく違わない状況だった。オズボーン財務相は、この巨額財政赤字を5年間で1%まで縮小するという大胆な目標を示し、これを「歳出削減74%、増税26%」の比率で達成する方針を示した。保守党は、この財政再建策を総選挙前から打ち出していた。当時、「影の財務相」だったオズボーン氏は「政権発足後6ヵ月で私はイギリスで最も嫌われる人間になる」と語り、国民の痛みを伴う政策でも長期的な視点から断行する姿勢を示していた。

筆者は、オズボーン氏の政治姿勢から、政治家には国民を教育するという重要な役割があることを知った。と言うのも、キャメロン政権発足後の大衆紙サンの世論調査では、同政権の歳出削減策について、58%が「避けられない」と同意し、「他のやり方がある」と答えたのは29%に止まったからだ。日本では、総選挙前に増税を打ち出すことは自殺行為と考える政治風土があるだけに、強く印象づけられたのである。

キャメロン政権の財政再建策の規模とスピードには、目を見張るものがあった。政府予算では、教育、医療など少数の「聖域」を除いて、各省とも基本路線として予算の一律20%カットという超緊縮財政を敷く。外務省に至っては24%もの削減で、十数ヵ所の大使館・領事館が業務停止や閉鎖となる。大使館などのスタッフを大幅に現地採用へ切り替え、2015年には外務省傘下のスタッフの7割が外国人を中心にした現地採用になるという過激さだ。また、就任早々、付加価値税（消費税）を2・5%引き上げて20%にすると発表している。

こうした財政再建策には、景気回復に悪影響を与える、と批判も出た。ガーディアン紙は「経済的にも、社会的にも、政治的にも大きなギャンブルだ」と指摘。実際、キャメロン政権発足後、イギリスは2番底の景気後退に陥り、IMFが超緊縮財政の危険性を指摘するなど、より柔軟な財政政策を求める圧力が強まった。しかし、イングランド銀行の金融緩和策の効果もあって、イギリス経済は2013年から回復基調に入り、同年第3四半期には、リーマン・ショック前の水準まで回復するに至った。

イギリスの財政赤字は2014年段階でGDP比5%まで縮小。キャメロン政権の財政再建路線は当初目標から遅れて道半ばだが、オズボーン財務相の評価が大きく変わったことは言うまでもない。

モノ作り大国への回帰と金融部門の優位性

イギリスの2013年のGDPは1兆6000億ポンド（約288兆円）で、世界6位の経済規模を持つ。その特徴は、金融、不動産、交通、小売りなどサービス部門が経済活動の80％弱を占めていることだ。うち金融部門はGDP全体の約7％である。一方、製造業は約10％に止まる。イギリス経済には、製造業の衰退した「金融立国」というイメージが強いが、その実態はどうか。

イギリスの製造業は、1960年代以降、経済活動に占める割合を低下させ、多くの大手企業が外国資本に買収されてきた。

その筆頭格が自動車産業である。イギリスには約40もの自動車メーカーがあるが、ロールス・ロイス（自動車部門）やアストンマーティン、ベントレーなど大手企業のほとんどが外国自動車メーカーの傘下に入っている。近年では、インドのタタ財閥が2008年に米フォード・グループからジャガー・ランドローバー社を買収している。タタ財閥は2007年には、旧ブリティシュ・スティールを引き継いだ英蘭合弁鉄鋼メーカー「コーラス・グループ」を買収。名門企業が相次いで旧植民地国の手に渡ったわけだが、イギリスのメディアや国民が気にかけるのは、体面やプライドではなく、雇用はどうなるのか、という一点に尽きる。この点に関して言えば、買収されても実態は大きく変わっていない。加えて、日産やフォード、ＢＭＷなど海外大手メーカーがイギリスに工場を設置しており、自動車産業は今も重要な雇用先であり、輸出により外貨を稼ぎ続けているのである。

国連貿易開発会議（ＵＮＣＴＡＤ）の資料では、イギリスの製造業は１９７０年の世界４位から徐々に後退しているものの、２０１２年の生産高は２３３０億ドルで世界7位の規模を維持している。現在、イギリス資本の製造業で日本人にも良く知られているのは、テレビ広告でお馴染みの掃除機メーカー「ダイソン」ぐらいかもしれない。しかし、消費者にはあまり目につかないハイテク・知識集積型分野では強い競争力を持つ企業が少なくない。軍事部門のＢＡＥシステムズと、航空機エンジン製造のロールス・ロイスはともに世界第2位で、製薬業ではグラクソ・スミスクラインが世界3位、アストラゼネカが同7位の地位にある。

一方で、イギリス製造業の世界シェアを見ると、3％まで落ち込んでいる。製造業がＧＤＰに占める比率10％は、日本（19％）やドイツ（24％）に比べて半分前後だ。雇用面でも、製造業は１９７８年には労働者の25％を雇用していたが、２０１４年には8％まで低下している。製造業の存在感が薄くなっていることは否めないようだ。

ＧＤＰに占める製造業の比率の低さは、アメリカも12％で共通する。アメリカとイギリスでは製造業の世界シェアで圧倒的な差（アメリカは21％）があるものの、製造業からサービス産業へのシフトは、アングロ・サクソン型経済の一つの特徴である。これは、グローバル経済の下でより収益性の高い産業へシフトする先進国経済の一つの先行モデルなのだろう。言わば、グローバル経済のいいとこ取りである。

先進国の製造業は、安い労働コストなどを求めて工場を海外移転するのが大きなトレンドだった。しかし、欧米諸国ではリーマン・ショックを受けて製造業が見直され、よりバランスの取れた産業構造と安定した雇用の確保を目指し、製造業回帰の動きが顕著になっている。イギリスも、「金融工学を抑え、真の工学を」「再びモノ作り大国へ」といった声に後押しされ、産業構造の転換に乗り出している。政府は様々な措置を取り、2014年には海外に移転した工場を国内に取り戻すことなどを目的に、1億ポンド（約180億円）の支援策を打ち出した。民間企業省によると、2014年までの3年間で、製造業の6社に1社が、部品などの生産を海外から国内に切り替えたという。産業構造の転換は容易ではないだろうが、イギリスが製造業再建に本腰を入れ始めたことは確かなようである。

一方、イギリスの金融部門は、ブレア、ブラウンの労働党政権13年間でGDPの約6％から10％へ急拡大した後、リーマン・ショックの影響で比率を低下させた。それでも、2013年の約7％は主要先進国の中で最も高い数字である。金融部門は経済活動に占める比重以上に、税収面などでイギリス経済に大きく貢献してきた。金融部門が支払う法人税はリーマン・ショックにともなう金融危機で半減したものの、2013年でも法人税全体の16%を占めている。スタッフに支払われる高額報酬がもたらす所得税収も、政府にとっては貴重な歳入源である。

イギリス政府はリーマン・ショック前、金融部門からの莫大な税収を楽観的に予測し、衰退する地方都市の救済策として公共部門の強化にお金を注ぎ込んできた。その反動で、キャメロン政権下の緊縮財政策では、49万人に上る公務員の人員削減が打ち出されることになる。イギリス経済における金融部門の重要性を物語るエピソードである。

リーマン・ショックで、イギリスの主力銀行はビジネスを縮小する傾向にあるが、イギリスの金融部門が持つ国際的な優位性に大きな変化はない。外国為替取引の世界シェアは4割前後に及び、2位のアメリカ（2割弱）を大きく引き離してトップを走る。イギリスの金融部門は資本の国際的な流れから利益を得る比重が大きいという特殊な構造を持っている。外国で資金を調達し、外国で運用するというパターンだ。イギリスには約250の外国銀行が拠点を構え、国内の銀行金融資産のほぼ半分を所有している。外銀の比重が高いのも特徴である。

2014年6月には、訪英した中国の李克強首相がキャメロン首相との会談で、欧州で初となる人民元決済を、中国建設銀行がロンドン市場で担うことで合意した。増え続ける人民元決済を自国市場に取り込むことは将来の成長に向けて大きなポイントであり、イギリスはライバル国より一歩先行した形である。

イギリスはまた、ユニークな海外金融ネットワークを持つことで知られる。タックスヘブン（租税回避地）として有名なカリブ海のケイマン諸島や大西洋のバミューダなどは今もイギリスの海外領土であり、イギリス本国周辺のジャージー島やマン島などはイギリス王室属領である。海外領土も王室属領もともに高度の自治を持つのだが、未だにこんな制度を持っているのがイギリスなのである。

ロンドンにはロイズの名で知られる国際的な保険市場が存在するほか、会計事務所や格付け会社など専門性の高いサービス部門の世界的中心でもあり、高スキルの人材や専門知識が集積する。金融サービス部門はこうした強みを持っており、イギリス経済の主力であり続けることは疑いない。ちなみに、2012年現在で、イギリスの金融資産はGDPの約5倍に達しており、その比率は先進国で群を抜いている。

外国人投資家に選ばれる理由

イギリス経済の大きな強みは、外国企業、外国人を惹きつける磁力を持つことだろう。

対内直接投資残高のGDP比を見ると、イギリスは飛び抜けて高い。経済協力開発機構（OECD）などの調べ（2011年）によると、OECD加盟国平均の30％に対し、イギリスへの投資残高は50％に及ぶ。ちなみに、日本は約4％止まりだ。

この傾向は、サッチャー政権下の積極的外資誘致策が生んだものだ。規制緩和により外国企業が参入しやすくなったことが引き金になったが、他にも、様々な要素を挙げることができる。＊大陸欧州諸国に比べ社員を解雇しやすい労働環境＊EU内にあって英語の国であり、欧州共通市場をにらんだ足場になる＊アメリカ大陸とアジアの中間に位置するロケーション、など外国企業にとっては好条件がそろう。

また、居住場所としての首都ロンドンの魅力も大きい。森ビル傘下の森記念財団が毎年発表する、経済活動や生活環境を総合的に評価する「世界の都市総合力ランキング」2014年版では、ロンドンが3年連続で1位である。その人気を裏付けるのが、ロンドンの不動産価格の高騰だ。アラブ諸国やロシア、中国を中心にした海外投資マネーの流入が価格を押し上げ、市内の住宅価格は2013年から2014年にかけて約2割も上昇した。一説には、高級物件の5割は外国人に買われているという。その反動で、一般市民は住宅に手が届かなくなっているという弊害も生じている。

そして何よりも、イギリスは外国企業を歓迎する国である。この点は、M&A（企業の合併・買収）が盛んなこの国における、企業買収に対する国民のプラグマティックな姿勢に見て取れる。

日本人的感覚からすると、国内の主要企業が外国人に買収されれば、国家のプライドを傷つけられたような一種の「敗北感」を覚えるのではないだろうか。一方、イギリスには先に見たように、外国人のオーナーシップを平気で受け入れる気風がある。「企業が買収されるのは魅力があるからだ」と買収を前向きに捉えているのである。その典型が、世界最高峰のプロサッカーリーグと評価されるイングランド「プレミアリーグ」だろう。プレミアリーグの成功物語は、イギリスが持つ、ソフトパワーをマネーに変える戦略性と、グローバル経済のいいとこ取りをする知恵を象徴するものだ。

まずは、驚異的な数字から紹介したい。国際監査法人「デロイト」は毎年、サッカー・ビジネスのレポートをまとめているが、その2014年版によると、プレミアリーグ（20チーム）の2013～14年シーズンの売り上げは、30億ポンド（約5400億円）を超えた。これは、スペインやドイツ、イタリアのトップリーグをはるかに凌ぐ額である。収入拡大のペースは、わずか4年で1・5倍という急速なものだ。収入の中核をなすのは、世界的な人気が押し上げる放映権料であり、1試合平均で650万ポンド（約21億7000万円）を稼ぎ出し、その4割近くが海外分である（ちなみに、プレミアリーグが2015年2月10

日に発表した2016年からの3シーズンのイギリス国内分のテレビ放映権料は51億3600万ポンド〈約9240億円〉で、前回3年契約から一挙に7割も増えている）。

ビジネスとしてのプレミアリーグの躍進は目を見張るものだ。同リーグは1992年、イングランドのサッカーリーグの改編に際し、従来の1部リーグに代わって発足した。それ以前、80年代のイングランドのプロサッカー界は、相次ぐフーリガンの暴力事件や、観客96人が将棋倒しで死亡した「ヒルズボロの悲劇」（1989年）が浮き彫りにした劣悪なスタジアム環境などが原因で低迷。収益や観客数でイタリア、スペインの後塵を拝していた。

これを救ったのが、プレミアリーグ発足に伴う放映権料である。当時は衛星放送の興隆期だった。同リーグは、世界のメディア王ルパート・マードック氏の衛星放送「Bスカイ B」と契約し、安定した財源を確保。加えて、超人気チームのマンチェスターユナイテッド（マンU）が1991年、ロンドン証券取引所に株式を上場し、その株価が10年でほぼ6倍に膨らむという成功モデルを築き、他チームがこれに追随していく。

プレミアリーグ発足1年目の加盟チームの平均収入は900万ポンド（約16億2000万円）だった。それが今やトップチームの稼ぎは年間1億ポンドを優に超すという成長ぶりである。

筆者は、日本の情報機器企業「セイコーエプソン」が2010年11月にマンUとスポンサー契約をした際に、本拠地のオールドトラフォード・スタジアムで取材した。その時、映像メディアが増幅する「国際ブランド力」の凄まじさを実感した。ファーガソン監督（当時）らマンU首脳と記者会見に臨んだ碓井稔エプソン社長は「マンUは我々のキーとなる市場（新興国など）で非常に訴求力がある」と契約の狙いを説明した。プレミアリーグには外国人選手枠の制限がなく、マンUには中南米やアフリカ、ヨーロッパ各国のスター選手が集まる。こうした選手の出身国を中心にマンUの試合は注目され、世界で6億〜7億人が視聴すると言われる。そこにPRチャンスを見出し、国際的な大企業がスポンサー契約に関心を示すのである。エプソンの意気込みは相当なもので、契約会見に世界19ヵ国から記者約70人を招待していた。

世界的な人気を背景に、2014年時点でプレミアリーグ20チームのうち少なくとも10チームが外国人オーナーの手に渡っている。2003年にはわずか1チームだっただけに、大きな変化である。そのオーナーには、ロンドンの人気チーム、チェルシーのロシア人大富豪、ロマン・アブラモビッチ氏や、マンチェスター・シティを所有するアブダビの王族にして大富豪、シェイク・マンスール氏らが名を連ねている。プレミアリーグのチームのオーナーとなることは、世界のスーパーリッチにとって、一つの権威、ステータスになっているのである。

プレミアリーグの成功の軌跡を分析すると、次のように整理される。＊ペイ・パー・ビュー（視聴者が観たい番組に料金を払う制度）など技術革新に伴う衛星チャンネルの興隆の波に乗り、財源と新たなファン獲得の市場を世界に大きく広げた＊プロサッカーの世界に株式上場という市場原理を持ち込んだ＊財源の拡充に伴い世界中からスター選手を集めて人気をさらに高めた＊世界の大富豪がチームのオーナーになることを成功のステータスと見なすようになり、彼らの財力がチームやスタジアムをより洗練させる――という好循環が生まれているのである。

プレミアリーグは今や、スポーツのグローバル化の象徴となった。欧米プロスポーツの人気チームが途上国の茶の間などを電波で席巻する現象は、「電子植民地主義（エレクトロニック・コロニアリズム）」（米オハイオ大のジェラルド・アキンデス氏）と呼ばれるほどだ。

イギリスは近代スポーツ発祥の地として知られ、サッカーのほかテニスやラグビー、モータースポーツ、競馬などビジネスの可能性を秘めたソフトに恵まれる。例えば、日本の視聴者が２０１４年11月に、ロンドンの多目的ドーム「Ｏ２アリーナ」からのテニス中継に夢中になったことを思い出してほしい。錦織《にしこり》圭選手が、プロテニスのＡＴＰワールドツアー・ファイナルに世界最強８選手の１人として参加したからだ。果たして、以前からこの大会を知っていた日本人はどれだけいただろうか。この大会が新たに日本人に認識されたことは、様々な方面でイギリス経済に波及効果を生むことだろう。

イギリス政府は、スポーツ関連ビジネスを成長産業とみなし、この分野でのコンサルタント、マーケティングなどの売り上げが２０２２年には10億ポンド（約１８０億円）を超えると見込んでいる。その標的の一つが２０２０年の東京五輪であり、ロンドン五輪（２０１２年）の経験をビジネスにつなげようと躍起だ。東京のイギリス大使館は、大会運営やサイバー・セキュリティなどの分野で経験を積んだイギリス企業の日本での売り込みを積極的に支援している。キャメロン政権は発足当初から、外交官の主要任務を自国ビジネスの支援とする「商業主義外交」を掲げており、その路線に沿ったものである。

イギリスは「女王と英語とＢＢＣの国」とも言われる。この３つはそれぞれにイギリスを代表するソフトパワーである。王室の経済効果は第１章で触れたが、キャサリン妃が身につける洋服のＰＲ効果だけではない。女王夫妻や皇太子が出入り業者に与える認証「ロイヤル・ワラント（王室御用達）」（約８００業者が保有）はイギリス・ブランドのお墨付きとして、国内外を問わず、商品・サービスの販売促進に大きく貢献している。

「英語」が生み出すマネーの最も分かりやすい例は、留学生だろう。ブリティッシュ・カウンシルによると、イギリスでは毎年、約２００ヵ国から来る50万人近い留学生が学んでいる。これに加えて、教育機関の海外進出、近年増加するオンライン・コースでの教育提供などもあり、イギリス政府は「教育は最大の輸出品」と位置づけ、関連ビジネスの拡大に力を入れている。

また、ＢＢＣは番組を海外に販売するための会社「ＢＢＣワールドワイド」を持ち、毎年、世界中からバイヤーを集め、番組売り込みの見本市を開いている。同社の２０１３年の売り上げは10億４２００万ポンド（約１８８０億円）。ＢＢＣの番組は、地上波テレビだけでなく、ネットや衛星・ケーブルテレビを通しても世界へ拡散する。

テレビ番組やゲームソフトなどのクリエーティブ部門は２０１１年の時点で、輸出総額の８％を占め、イギリス経済の新たな成長部門となっている。

◇　◇　◇

イギリス経済の強みも弱みも、「開かれた経済」と「市場のダイナミズム」にあることは間違いない。

強みとは、外国企業・外国人を受け入れることで国内に取り込んだ「外圧」が経済を活性化させ続けていることだ。さらに言うなら、イギリスが多くの移民を受け入れても福祉国家を維持できるのは、外国企業のおかげだろう。外国人駐在員は高額の所得税や社会保障費を納めても、政府の制度はあまり利用しないからだ。

イギリスではまた、移民増と移民のベビーブームを主な要因に人口が急増している。国家統計局の人口推計では、2012年の6370万人が、25年後の2037年には1000万人近くも増えて約7330万人に達する見通しだ。これは、住宅供給や学校施設、社会保障制度への大きな圧力となる一方、経済的には活力となるものだろう。

一方で、「弱み」とは、リーマン・ショック後の金融・財政危機の深刻さが示すように、グローバルな危機に脆《もろ》いことである。イギリス経済の屋台骨である金融部門は、国際的な資本の流れから利益をすくい上げている。その流れに異変が生じれば、経済は逆境に陥りかねない。加えて、市場のダイナミズムに身を委ねる経済は、国民の経済格差を他国以上に拡大させている。第8章で触れるが、経済格差はすでに大規模な暴動を誘引するなど社会を不安定化させる元凶となっている。

イギリス経済は、他国の例に漏れず、今後も浮沈を繰り返すだろう。それでも、リーマン・ショックからの復活の軌跡が示していることは、「開かれた社会」と「市場のダイナミズム」を基本にするイギリス経済は、強い復元力を内包しているということではないだろうか。

民主主義を育てたイギリス人の金銭感覚

イギリス人はお金にこだわる。ロンドンのレストランでのこと。支払いの段になって、知人のイギリス人がスマホを取り出した。なんと、その計算機能を使ってペンスの単位まで割り勘の計算を始めたのである。これには、さすがに、同席した別のイギリス人も苦笑していた。お金の話をするのは〝卑しい〟と思いがちな日本人の身には、イギリス人の金銭感覚に違和感を覚えることが少なくなかった。

こうした文化の違いは、新聞記事のスタイルにも投影される。日本の新聞記事では、登場人物に年齢が欠かせない。欧米メディアにはそうした慣習はなく、外国での取材では、年齢を聞くとやんわりと断られることも多い。一方、イギリスの新聞記事では、その人物が〝金持ち〟か〝貧乏〟なのかということが重要な要素だ。だから、人物を描写する際、「××氏の自宅は推定○百万ポンドの豪邸」などの記述が多くなる。

このイギリスと日本の差は、それぞれの国民が相手を見るときに何に最も着目するのかを反映しているのだろう。階級社会のイギリスでは「豊かさのレベル」＝「階級のプリズム」を通して相手を見る傾向が強い。また、近年は、「マネー・ベースド・ヒエラルキー（カネに基づく階級）」という言葉をよく耳にするが、社会の価値基準がカネに大きくシフトしていることとも関連しているようだ。一方、年功序列の日本では、年上か年下かで言葉遣いにも気をつけねばならないから、年齢が人を見る重要な基準になっているのだろう。年齢だけでなく、日本の会社組織では「何年入社」かが重要な要素である。こうした儒教的美徳を基礎にする慣習が生き続ける限り、真の実力社会はなかなか訪れないように思えるのだが。

そんなことを漠然と感じていたとき、「そこまでやるか」というイギリス・メディアの報道に接した。リーマン・ショック以来、ヤリ玉に上がる銀行員の高額賞与に関するものだった。報道があったのは2012年。大手金融機関「ロイヤル・バンク・オブ・スコットランド（RBS）」のスティーブン・ヘスターCEO（最高経営責任者）が100万ポンド（約1億8000万円）のボーナスを受け取ることが事前に漏れ、全国紙が1週間近くも一面で批判報道を続けたのである。

怒濤の報道を前に、ヘスター氏は結局、ボーナス辞退へ追い込まれた。

少々大袈裟に聞こえるかもしれないが、筆者はこの報道ぶりに「イギリス的民主主義の真髄」を見た気がした。なぜか。少々説明したい。RBSは、リーマン・ショックの余波で破綻寸前になり、政府が450億ポンド（約8兆1000億円）もの公的資金を注入して救済に乗り出した銀行だ。再建に向けてヘスター氏を送り込んだものの、経営状況は改善せず、株価はさらに下落。「ハイ・リスク、ハイ・リターン」のマネーゲームにふけっていた「強欲な銀行家」への世論の怒りを背景に、メディアは「経営失敗への巨額報酬は許せない」と論陣を張ったのである。

政府は当時、ＲＢＳ株式の80％超を保有していた。ヘスター氏が受け取る予定だったボーナスは言わば「税金」である。税金の使い道に常に厳しい監視の目を向けるメディアの姿勢は、イギリス議会制民主主義の発展の経緯と重なるものである。

立憲政治の源流である１２１５年のマグナカルタ（大憲章）制定を導いたのは、繰り返されるフランスとの戦争での戦費負担を強いられた貴族らの怒りだった。大憲章は、国王が税金を徴収するには貴族の同意が必要だとするなど、王権を制限した。イギリスの二院制議会は１３４１年に成立するが、その始まりはエドワード１世が１２９５年にスコットランド遠征の戦費調達のために開いた模範議会である。また、アメリカ独立戦争の対英スローガンが「代表なくして課税なし」だったことも象徴的なエピソードだろう。

ヘスター氏のケースは、政治とはつまるところ「税金の使い道」に行き着くのだというシンプルな真理に気付かせてくれたのである。

第７章

スコットランド独立騒動が示した連合王国の限界

スコットランド議会にはイギリス、スコットランド、ＥＵの３本の旗が掲げられる　写真：著者撮影

つぎはぎを重ねた統治構造

２０１４年９月、スコットランドに世界の耳目が集まった。連合王国からの独立を問う住民投票が行われたのだ。先進国の一地域が平和的な手続きで独立の是非を問うというのは異例の出来事である。民主主義とは何なのか。何をもって国家というのか。多くの人々に、普段考えることのない問題を突きつけたのだろう。

投票の結果は、賛成45％、反対55％。独立は否決されたが、一連の騒動は連合王国という国家の枠組みの矛盾を浮き彫りにした。

イギリスの正式国名は「グレートブリテン及び北アイルランド連合王国」。イングランドとウェールズ、スコットランド、北アイルランドの４地域で構成され、各地域は「Nation（ネーション）」に位置づけられる。しかし、このネーションという概念が、歴史的に領土の大きな変更を経験していない日本人には分かりにくい。ここで言うネーションとは、一般的な日本語訳の「国家」ではなく、「言語や文化、歴史を共有し、民族的、社会的同質性を持つ共同体」という意味だ。主権を持った「独立国家」を指す一般的な英単語は、「State（ステート）」である。だから、日本のように一つのネーションがそのまま独立国家となっている場合は、「ネーション・ステート（国民国家）」として分かりやすいが、イギリスは厳密な意味において国民国家とは言い難い。

連合王国の統治構造を考える際、日本人がこの国を通常「イギリス」と呼んでいることがまた、頭を混乱させる。連合王国は英語の通称では、「United Kingdom（UK）」または「Great Britain（GB）」「Britain」と呼ばれる。イギリスという名称は、連合王国を構成する一地域に過ぎないイングランドの外来音が定着したものとされる。

著名な歴史家のノーマン・デービス氏は、イギリスの歴史を描いた大著『THE ISLES』で次のように述べている。

「国家（ステート）により与えられる市民権とは異なり、ネーションという地位は個々人の国家的（ナショナル）な共同体に帰属する意識に拠るものである。市民権とは法的な問題であり、ナショナリティとは個人の内なるプロセスの結実である。連合王国の歴史的な使命とは、イングランド、ウェールズ、スコットランド、アイルランドへの排他的な帰属意識を持っていた人々に共通の国民意識を育むことである」

「ステート」「ネーション」「ナショナリティ」などの単語が交錯するこの文章を訳そうとして四苦八苦した。そして、こう思わざるを得ないのだ。

「日本人は、明治維新の際に西欧近代国家の制度を輸入したが、果たしてその概念や定義を明確に理解していたのだろうか」と。

日本が国家統治に関わる様々な制度を輸入しながら、概念や定義の理解をあいまいにしてきたことが、現在の政治的諸問題の根源にあるのではないだろうか。例えば、米軍基地問題で不満が高まる沖縄では、スコットランド住民投票への関心が高かったというが、1879年の琉球処分により日本に併合された琉球王国の歴史的経緯を踏まえれば、沖縄は日本国内におけるネーションであるように思える。その理解があれば、もう少し沖縄の自己決定権を尊重する機運があってもいいのではないか。また、中韓との摩擦でよく耳にするようになった「ナショナリズム」という言葉はどうだろう。ネーションという概念の正確な把握抜きに、私たちはナショナリズムが何であるのかを理解できているのだろうか。その理解を欠けば、容易に「似非《えせ》ナショナリズム」を鼓舞される危険性があるのではないか。首相が毎年のように交代していたとき、主要メディアはこぞって「決められない政治」を揶揄して「強いリーダーシップ」を求めていたのに、総選挙を経て自民党一強時代が訪れると途端に「熟議」を求める、このぶれは一体何に由来するのだろうか。

そんな日本への疑問を意識しながら、スコットランド住民投票の背景を探り、その現代的意味を捉えてみたい。まずは、ナショナリズム発露の現場を訪れる。

揺れるナショナル・アイデンティティ

テニスのウィンブルドン大会は、イギリス的優雅さの結晶である。テニスの聖地とされるロンドン南郊の「オールイングランド・ローンテニス・アンド・クロッケー・クラブ」で毎年初夏に開かれるこの大会の華やかさは、スポーツイベントとしては破格だ。2週間の大会期間中にコルクが抜かれるシャンパンは2万5000本に上り、レストランやラウンジなど施設の豪華さには目を見張る。新聞・雑誌記者用のメディア専用棟は4階建てで、最上階にあるガラス張りのレストランでは飲食をしながら、眼下のコートでの試合を観戦できるというもてなしぶりだ。極めつきは、1万5000人収容のセンターコートで、1年に1度この大会でしか使用されない。優れたスポーツ選手に払われる最高の敬意だろう。経済合理性から判断すれば信じられないような非日常の世界が、大会の権威と価値を高めていることは言うまでもない。ウィンブルドンは、伝統の重みと非日常の演出が融合して強力なソフトパワーを放つ。その結果、大会の国際的な人気は高まり、近年のテレビ放映権料の急騰によって、一層の財政的繁栄がもたらされているのである。

この大会では、イギリス人選手が長らく優勝できず、外国人選手の活躍ばかりが目立つようになっていた。状況は、自由なグローバル競争を主導してきたイギリスの経済事情に似ている。例えば、為替取引で世界一を誇る金融街シティ。その戦後の成長は、外銀の進出によりもたらされた。そして、「ウィンブルドン現象」という言葉が生まれる。状況が

「場所貸し」的になるという意味だ。イギリス金融街も、ウィンブルドンも、国籍にこだわらないことで他者を圧倒する存在感を持つ。その柔軟性はどこか、「地主（ジェントルマン）的」であり、したたかだ。

そのウィンブルドン現象の本家で風穴があいた。２０１３年の男子シングルスで、スコットランド出身のアンディ・マリー選手が、イギリス人としては１９３６年のフレッド・ペリー以来、実に77年ぶりに優勝を果たしたのだ。

マリー選手が決勝戦で世界ランク・ナンバーワンのノバク・ジョコビッチ選手を破って優勝を決めた瞬間のスタンドの反応は、実に印象深いものだった。その光景に投影されたものは、国家の在り方をめぐり揺れるイギリスの悩ましい現状である。

スタンドの貴賓席（ロイヤルボックス）には、歴史的な場面に居合わせようとキャメロン首相、マリー選手の出身地スコットランドのアレックス・サモンド自治政府首相（当時）の姿があった。優勝の瞬間、キャメロン首相のすぐ後ろにいたサモンド氏がスコットランド旗「聖アンドルーズ旗」を両手で掲げる姿がテレビ画面に大写しになる。スコットランド独立の是非を問う住民投票を1年2ヵ月後に控えたタイミング。マリー選手の優勝はスコットランドのナショナリズムを刺激したのだろう。スタンドではイギリス国旗ユニオン・ジャックとともに多くの聖アンドルーズ旗が揺れていた。

その光景をテレビで見ていて、マリー選手がかつて悔し紛れに漏らした言葉が蘇ってきた。「(ロンドンのメディアは) 僕が勝てばイギリス人と呼ぶし、負けるとスコットランド人と呼ぶんだ」。この発言は、イギリス国内における主流派イングランド人と、従属的な立場に置かれてきたスコットランド人の感情的なもつれを代弁している。彼の発言を裏付けるデータもある。

2013年ウィンブルドン大会期間中に、マリー選手をイギリス人と見るか、スコットランド人と見るかをイングランド住民に尋ねた世論調査の結果である。それによると、トーナメントの早い段階では、52%がマリー選手をスコットランド人、36%がイギリス人と見ていた。それが優勝後には、イギリス人とみる人が48%へと急増しているのである。

イギリスでは、スポーツと地域のナショナリズムは明確に結びついている。その代表例が、サッカーだ。イギリスはサッカーの母国であり、国際サッカー連盟(FIFA)設立を主導した経緯から、今も、イングランド、スコットランド、ウェールズ、北アイルランドの4つの地域ごとにナショナルチームが認められている。ワールドカップ(W杯)予選には4チームが参加できるという待遇を享受しているのである。ラグビーやゴルフなどでも国別対抗になると事情は同じで、選手への応援で振られるのは各地域のナショナル・フラッグである。

先のマリー選手は２００６年のサッカーW杯の際、「イングランド以外のチームならどこでも応援する」と口をすべらせ、物議を醸したことがあった。

しかし、テニスは上流階級に起源を持つスポーツであり、ウィンブルドンは「レディース・アンド・ジェントルマン」の世界だ。最近まで、スタンドのイギリス人ファンが振る旗と言えば、ユニオン・ジャックだった。それが、マリー選手にスコットランド旗が振られるようになったことで、イングランド出身の選手には、イングランド旗「聖ジョージ旗」が振られる場面が目に付くようになった。スコットランドのナショナリズムが、イングランドのナショナリズムを刺激した結果だろう。

イングランドの住民は自らのアイデンティティをどう捉えているのか。政府の「イギリス人の社会的態度調査」によると、１９９７年には55％が自らをイギリス人、33％がイングランド人と答えていた。それが、２０１２年には、イングランド人とイギリス人がともに43％になり、地域色をより強めてイングランド人とみなす人がぐっと増えている。

連合王国イギリスは、アイデンティティの危機に直面しているのである。そして、それを誘発した一因がブレア政権の推進した地方分権政策だった。

◇　◇　◇

ブレア政権は、「住民により近い政治」を掲げ、１９９９年にスコットランド（人口５３

0万人）とウェールズ（同310万人）に自治政府（独自議会）を発足させる。政権発足からわずか2年で、議会設置の是非を問う住民投票、自治政府に関わる法的整備、最初の議会選挙を行ったそのスピード感は圧巻だった。

自治権付与の背景には、サッチャー時代の中央集権化で高まった地域のナショナリズムを宥《なだ》めるという狙いがあった。また、急速に変化する欧州の政治環境も見逃せない。欧州統合は、各国中央政府の権限をEU本部へ委譲するプロセスである。統合が進めば、各国政府の権限は縮小し、ブリュッセルの政策決定権が拡大する。それぞれの地域事情を政策に反映させるため、ブリュッセルに直結する地域政治の重要性が増しているのである。ブレア政権の地方分権は、「欧州統合の中での地方分権の充実」という欧州新時代の課題を背負うものでもあった。

ブレア政権下では、北アイルランド（同180万人）でも和平達成後の1999年に自治政府ができ、連合王国を構成する4地域のうち、イングランド（同5400万人）を除く3地域で自治・地方政府が誕生した。逆に言うと、イングランドだけが自主決定権を持っていないという、いびつな統治構造となっている。さらに、3つの自治政府へ与えられた権限のレベルはバラバラで、このパッチワーク的な統治構造が火種となっていくのである。

憲政制度ではほかにも、＊サッチャー政権時代に廃止されたロンドン市議会を復活させ、新たに市長公選制を導入＊上院の世襲貴族議員制度を廃止＊上院の付属機関であった最高裁判所の独立、などが次々に打ち出された。一連の改革は、清教徒革命と名誉革命という17世紀の2つの市民革命を経て形作られた憲政制度の基盤に大鉈《おおなた》を振るうものだった。ロンドン大学のジョージ・ジョーンズ教授は当時、「イギリスは革命の時代にあると言える。政治教科書はすべて書き換えられなければならない。ブレア首相は、21世紀を前に新たな政治システムが必要だというムードをうまく作り出している」と興奮気味に語っていた。

一方、メディアでは、地方分権が連合王国に与える影響が盛んに論じられるようになり、保守党は、分権は地域のナショナリズムに弾みをつけ、「イギリスの分裂を招く」と強く反対していた。スコットランドで独立論がくすぶり続けていたからだ。ガーディアン紙の世論調査では、5割を超える回答者が「スコットランドは10年以内に独立する」との見方を示していた。

ブレア首相にとって、地方分権は連合王国の将来の形がかかるギャンブルだったのだ。かくして、連合王国を束ねるエリザベス女王には、新たな不安の種が生まれる。

ブレア氏は、回顧録にこう記している。

「(女王には) 分権が独立への一歩になるのではないかという懸念があった。その懸念は私も共有した。女王にとって、連合王国の分裂を見ることは喜ばしいことではないだろう」

そして、その懸念は10年ほどで現実味を帯び始める。

2011年に実施された4回目のスコットランド議会（定数129）選挙で、独立を公約に掲げたスコットランド民族党（SNP）が69議席を獲得し、第2党の労働党（37議席）を大きく引き離して単独過半数を制したのだ。同議会の選挙制度は小選挙区比例代表併用制と呼ばれるもので、単独過半数を取ることが難しいように設計されていた。それだけに、政界関係者への衝撃度は大きかった。

キャメロン首相は、その結果を受け、民族党（自治政府）の要求に譲歩せざるを得なくなる。首相とサモンド自治政府首相は2012年10月、両政府がスコットランド独立の賛否を問う住民投票実施に向けて協力することで合意する。その際、設問は賛否のいずれかを問う二者択一（実際の質問は「スコットランドは独立国であるべきですか」）とすることを取り決めた。サモンド氏は第3の選択肢として「自治権強化」を入れることを求めたが、独立が承認されることはないと踏んだキャメロン首相が「イエス　オァ　ノー」を主張した結果だった。第3の選択肢を排除したことがその後、キャメロン首相に危機的な状況をもたらすことになる。ここに至る経緯を見てみよう。

◇　◇　◇

292年ぶりに独自議会が復活して1年後の2000年7月、自治の現状と独立機運を探るため、スコットランドの首都エジンバラを訪れた。

新しい議事堂はまだ建設中で、間借り中だったが、本会議場に同時通訳システムが備わっていたのが印象的だった。スコットランドは元々ケルト人を主体とした王国であり、本来の言語はゲール語である。議会では、英語とともにゲール語も公用語とされ、そのための同時通訳システムだった。スコットランドには、この言葉を話す住民が約9万人いると説明された。スコットランドには、外交・安全保障、マクロ経済政策などを除き、独自課税権を含む広範な自治権が与えられた。このことが地域にどのような影響を及ぼしているのか。政治家や経済関係者らを取材すると、自治が独立機運を宥めるのではなく、逆に高める方向へ作用していることが分かった。スコットランド民族党はまだ議会第2党（議席数35）の野党だったが、同党幹部のアンガス・ロバートソン氏は、将来をこう予見した。「議会設置によりスコットランドのアイデンティティはより明確になった。若い層ほど独立への支持は強く、10〜15年で独立は達成できるだろう」。この取材から14年後に独立を問う住民投票にこぎつけた訳だから、全くの放言ではなかった。

自治政府はすでに、EU本部のあるブリュッセルに事務所を開設し、欧州との直接的な連携を強めようとしていた。統合が進む欧州では、東西冷戦終結により安全保障面での脅威がほぼ消えたこともあり、独立心旺盛な地域が「EU内での独立」を目指すのが一つのトレンドである。旧ソ連から独立したバルト三国や旧ユーゴスラビア解体に伴うスロベニアやクロアチアの独立など、小国が次々と目の前で誕生し、EUという大樹の下への結集を目指していた。自治政府の広報官は「カタルーニャ（スペイン）など自治政府を持つ欧州の他地域と対話を進めている。将来的に、スコットランド自治政府とロンドン（イギリス政府）の距離が遠くなることは避けられないだろう」と自信に満ちた表情で語った。

スコットランドが自治政府を持ち、連合王国の首都ロンドンと、EUという超国家的な統合プロジェクトを進めるブリュッセルの双方を見つめ始めたことで、そこに住む人々のアイデンティティも揺れ始める。それは、4つのネーションに「共通の国民意識」を育むという連合王国が背負った歴史的使命にも影響を与えていくことになる。

連合王国の歴史的経緯

スコットランド独立問題のその後を追う前に、現在のイギリスが形成された経緯を簡単に押さえておきたい。

イギリスの国土の中心を成すグレートブリテン島には、紀元前7世紀ごろからケルト系諸族が定住していた。ローマ帝国の支配を経て、5世紀ごろ、アングロ・サクソンの語源となるゲルマン系のアングル人とサクソン人が西北ドイツから押し寄せ、ケルト諸族をスコットランドやウェールズの「周辺」に追いやり、イングランド王国を建国していく。

イングランド王国はまず、13世紀にウェールズを征服し、1536年に正式に統合。イングランドとスコットランドは戦争を繰り返しながらも、両王国は1603年に共通の国王をいただく同君連合を結成する。女王エリザベス1世が継嗣のないまま亡くなり、女王の縁戚に当たるスコットランド王ジェームズ6世がイングランド王を兼ねることになったものだ。しかし、同じ国王をいただくというだけで、イングランドとスコットランドは別々の国として約100年間の並存状態が続き、1707年、スコットランドが議会を廃止することで一つの王国として統一された。

当時のイングランドは、植民地貿易の利益独占を狙った航海法体制を敷いていた。一方のスコットランドは欧州最貧国の一つだった。イングランドなど大国の排他的な貿易体制に阻まれて活路を見いだせず、経済は疲弊。そこに追い打ちをかけるように、17世紀末には飢饉が続き、社会には貧困がはびこっていた。こうした状況下、起死回生をかけて、パナマ地峡に植民地を建設するという一大国家プロジェクトに乗り出す。政府が奨励し、民間のスコットランド会社が行ったこのプロジェクトには、国内の流動資産の4分の1が投じられたという。まさに国運をかけた事業であり、パナマへは約3000人の遠征隊が送られた。しかし、厳しい自然条件や、すでに領有権を主張していたスペインの攻撃を受けるなどして、２０００人近くが死亡。計画は大失敗に終わり、スコットランドの国家財政は破綻に瀕した。

このころ、イングランドとスコットランドの関係は極端に悪化する。植民計画をめぐり、イングランド側が妨害行為に出たことや、同君連合下での王位継承問題で反目しあったことが原因だった。お互いの国民感情が悪化し、放置すれば、戦争になりかねない状況だったという。そして皮肉にも、この危機的状況が統合を促すことになるのである。衝突を回避したいイングランド側が統合への圧力を強め、経済的に追い込まれたスコットランドの指導者層には他に選択肢がなかったからだ。両国の統合交渉は、スコットランドが独立を捨てる代わりに、どれだけ経済的なメリットを引き出せるかという条件闘争と化す。

両国が結んだ統一条約（Treaty of Union）は、「イングランドとスコットランドの２つの王国は永久に、グレートブリテンという名の一つの王国に統合される」とうたう。「union」という単語の定義は当時はまだあいまいだったという。条約交渉で、イングランド側はスコットランドの提案した連邦制を拒否し、「議会の完全な合同」にこだわった。スコットランド側は「イングランド自由貿易体制への参加」を譲れない一線とした。合意した条約は25条から成るが、そのうち15の条項は経済・財政に関するもので、イングランドはスコットランドに対し、パナマ植民計画失敗の損失補塡まで行うという寛大な対応を示した。

また、スコットランドは統一後も、独自の司法・教育制度、国教会を維持する権利を獲得する。通貨ポンドも、スコットランドの商業銀行が独自の紙幣を印刷し続ける。この条約で誕生する「グレートブリテン連合王国」とは、統一した制度を持つ国民国家でも、両国が平等な構成メンバーとなる連邦制国家でもなく、ゆるやかな「一国二制度」に近いものである。こうして、スコットランドはその後も「ネーション」であり続けるのである。

スコットランド議会はこの条約を法制化した統一令（Act of Union）を１１０票対67票という大差で可決し、自らの議会解散とイングランド議会との合同を決める。それは、公式には「統一」だが、実態はイングランドによるスコットランドの併合だった。統一を受け入れた指導層とは異なり、誇り高きスコットランド住民の9割は統一に反対していたというのが通説である。「グレートブリテン連合王国」が誕生した１７０7年5月１日、エジンバラの教会の鐘は、当地の古い民謡「自分の結婚の日だというのになぜ哀しいのだろう」の旋律を打ち鳴らしたという。

スコットランドは独立を捨てることによって、イングランドとその海外植民地市場への自由なアクセスを得た。スコットランドがイングランドに屈したのは、経済的な理由だった。そして、連合王国の下、スコットランドは西岸の都市グラスゴーが新大陸とのタバコ貿易などで栄えてロンドンに次ぐ大英帝国第2の都市へと発展するなど、経済的な配当を得ていく。スコットランドはその後の産業革命にも多大な貢献を行い、両地域は「ウィン・ウィン」の関係を構築していく。こうした経済的繁栄とイングランドなど他地域との人的、文化的交流が、「経済学の父」と呼ばれるアダム・スミス（1723〜1790年）や哲学者デービッド・ヒューム（1711〜1776年）らを輩出して「スコットランド啓蒙」と呼ばれる学芸復興の呼び水になるのである。

スコットランドは大英帝国や産業革命、2つの世界大戦という巨大な歴史的事件を通してイングランドとの紐帯を深めていった。

◇　◇　◇

それでも、スコットランドではイングランドへの対抗心が強く、独立を志向する根が絶えることはなかった。自らの歴史や伝統への誇りは強い。例えば、教育分野では、1413年創立のセントアンドルーズ大学や産業革命を実学で支えたグラスゴー大学（創立1451年）など名門大学が多い。イングランドにオックスフォードとケンブリッジの2大学しかなかった時代に、スコットランドには4つの大学があった。発明家のジェームズ・ワット、探検家のデービッド・リビングストーンら、歴史上の偉人も多く輩出している。近年でもブレア、ブラウンの両首相がスコットランド出身だ。

戦後、独立機運が盛り上がるのは、1960年代に北海油田が見つかってからのことである。スコットランド民族党は、北海油田の利益がスコットランドに十分に還元されていないと主張し、住民のナショナリズムを煽った。ただ、同党は民族主義政党と言っても、人種的優越性や移民排斥を訴える極右政党とは異なる。その主張は社民主義的な穏健左派路線で、北欧型の社会福祉国家を理想とし、独立という党是を除けば、労働党と立場はそれほど変わらない。

そして、中央集権化を進めたサッチャー政権下で、スコットランドのナショナリズムに火がつく。スコットランド人にとって、近年の保守党は「イングランドの政党」である。2010年総選挙で、スコットランドの選挙区（計59）から当選した保守党議員は1人しかいない。二大政党の一翼と言いながら、保守党のスコットランドでの存在感は極めて薄いのである。だから、ロンドンに保守党政権があるとき、スコットランドの住民には、自分たちの声が届かないところで生活を左右する政策が決まっている、という不満が高まる。キャメロン政権下でも、財政再建のための大胆な歳出削減や、反EU的政策により、ロンドンへの反発を生みやすい状況が生まれていた。

独立は得か損かのそろばん勘定

筆者は、スコットランド民族党が単独政権を樹立し、独立を問う住民投票の実施が既定路線になっていた2012年3月に再び現地を訪れた。自治政府が誕生して14年目になるエジンバラでは、モダンな新議事堂が完成し、大規模なショッピングモールができ、新交通システムとしてトラム（路面電車）の建設工事が進むなど、大きな変化が感じられた。

自治政府がスコットランドにもたらした成果を聞くため、ジョン・スィニー財務相（スコットランド民族党）に会った。

スィニー氏は導入した独自政策として、＊大学授業料の無料化（イングランドでは逆に授業料を大幅に値上げ）＊公衆の場での禁煙を他地域より早く法制化＊独自の温暖化対策、などを列挙した。なぜ独立が必要なのかを聞くと、欧州統合のメリットを生かすという従来の狙いを越え、経済のグローバル化への対応という、より大きな文脈の中で説明したのが新鮮だった。

「今やスコットランドの自宅にいても、インターネットで地球の反対側から商品を購入し、それが届く時代です。グローバリゼーションは大きな経済的機会を生んでいます。この競争に参加するには、我々は最大限の競争力を持たねばなりません。スコットランドは、国際的な決定に相応の影響を与えていく必要があります。だから、政治構造も、大変動の時代に適したものが必要なのです」

そして、欧州では国境の変更は珍しいことではないと指摘し、「(冷戦終結で)チェコスロバキアはチェコとスロバキアという2つの国家になりました。イギリスにはかつてアイルランド共和国も含まれていました。100年前には、オーストリア・ハンガリー帝国が欧州の広大な領域を支配していましたが、今は存在しません。欧州とはそういう地域なのです」と淡々と話した。

独立問題を取材して意外だったのは、通常連想する「民族の誇り」とか「愛国心」という精神性が全く強調されていなかったことだ。その論議の中心にあったのは、独立は経済的に「得か損か」というそろばん勘定だった。

この点を、独立問題の市民討論会を主催していた「スコットランド・ボランティア評議会」のアリソン・エリオットさんに尋ねた。すると、彼女は「その通りです。元々、スコットランドがイングランドと統合したのも、経済的な理由でした」と話し、「多くの人が、独立はスコットランドの経済に良くないと考えています。独立が支持されるとは思いません。ただ、イングランドはスコットランドに比べると巨大です。我々の相違点がイングランドに無視されると、スコットランドの人々は怒りを覚えるのです」とスコットランド人の心の内を語った。

スコットランド民族党は「我々はノルウェーのように豊かになれる」とアピールしていた。産油国ノルウェーは、石油収入を基金に蓄財し、盤石な財政基盤を築いている。スコットランドも独立すれば、北海油田で同じようにやれる、という主張だ。石油はナショナリズムのシンボルである。しかし、北海油田の将来性や、独立した場合の取り分などは不透明なままで、民族党が示すバラ色の構想を鵜呑みにする住民は少ないようにみえた。

加えて、ロンドンの中央政府は「バーネット方式」という予算配分方式で、スコットランドには4地域の中で最も手厚く予算配分している。2012年度の1人当たりの年間の公的支出を見ると、スコットランドの1万152ポンド（約183万円）に対し、イングランドは8529ポンド（約154万円）で、その差は1600ポンド超に及ぶ。中央政府はこの点を強調し、独立して財政を維持しようとするなら、「増税と公共サービスの削減は避けられない」などと独立に伴う経済的損失の大きさをアピールしていた。

独立問題が、経済的な打算なら、財界の姿勢は住民投票に大きなインパクトを与える。スコットランド経済は、金融業、ウィスキーやサーモンなど食品・飲料業、観光業が基盤で、近年は再生エネルギーやバイオテクノロジー分野が成長している。このうち、金融業は、域内GDPの10％弱を占め、民間雇用の10人に1人を支えている。スコットランド金融関連企業の業界組織「スコティッシュ・フィナンシャル・エンタープライズ」のオーエン・ケリー会長は「スコットランドは連合王国の一部として、すでに繁栄する金融センターになっている。一般論だが、ビジネス部門は独立のメリットを感じていない」と独立に反対の立場を示した。

スコットランド自治政府は2013年11月、独立国家スコットランドの青写真となる独立白書を発表した。その中身は、独立というより、イギリスとの国家連合的な色彩が濃いものだった。

白書は、独立のメリットを、経済政策や税制、社会福祉などで「スコットランドの住民を自らの運命の担い手とする」ことだと強調。独立後もエリザベス女王を国家元首とし、通貨ポンドも継続して使用し、EUと北大西洋条約機構（NATO）には横滑り的に残留すると主張している。また、スコットランドに配備されているイギリス唯一の核戦力を撤去するとも宣言した。西部グラスゴー近郊には、潜水艦発射弾道ミサイル（SLBM）―トライデントを搭載する原子力潜水艦4隻の母港があり、地元では根強い反核運動が続いてきた。民族党は、サモンド党首が、イギリスも参加したNATOのコソボ空爆（1999年）を「許すことのできない愚行」と批判したことがあるほど、平和志向が強い。もし、スコットランドから核戦力が撤去されれば、イギリスは適切な代替基地を探せないだろうと言われていた。

しかし、こうした構想は、全体的にご都合主義的だ。財政で独立性を保ちながら、イギリス・ポンドを使い続けることは許容されるのか。その構図は、単一通貨を導入しながら財政運営は各国がバラバラに行っていたため、事態が混乱したユーロ危機と同じである。また、EU加盟問題では、国内に同じような独立運動を抱えるスペインなどが抵抗すると予想されていた。いずれも、具体化に着手した途端、多くの障害にぶち当たることは目に見えていたのである。

それでも、情勢は最終盤に入って混戦模様となる。各種世論調査はそれまで独立賛成4割、反対6割前後で推移していたが、8月に入ると独立支持の数字がじわじわと上昇。投票の11日前の9月7日付サンデー・タイムズ紙の世論調査が賛成51％、反対49％の結果を示し、ついに独立支持派が反対派を上回る。

最終盤に盛り上がりを見せた背景では、主要メディア、政党がこぞって独立反対に回る中、独立派が地道な草の根運動で支持拡大を図っていたことが見逃せない。経済的な格差拡大や、地方の衰退などで閉塞感が漂う中では、変革を訴える独立派の方がメッセージをアピールしやすいという状況もあった。民族党の訴えはポピュリズム的であり、「アイデンティティ・ポリティクス（民族性に訴える政治）」ではあっても、住民の間にじわじわと浸透しつつあったのである。これに対し、独立反対陣営の運動は、独立に伴う経済的なデメリットを強調するネガティブ・キャンペーンになりがちで、住民のナショナリズムを逆に刺激した面もあるようだ。いずれにせよ、投票日が近づくにつれ、態度未定だった有権者が「イエス」か「ノー」かの選択を迫られる中で、一時は独立派に勢いがあるように見えたことは間違いない。

情勢が予断を許さなくなり、ロンドンの中央政府は慌てふためく。何しろ、独立承認となれば、連合王国にとっては1922年にアイルランドが独立して以来の国の枠組みの大変動である。また、スコットランドが去った場合、連合王国の国際的影響力の低下は必至と予想された。米シンクタンク・外交問題評議会のリチャード・ハース氏はフィナンシャル・タイムズ紙への寄稿で、「連合王国がさらに分裂するなら、ヨーロッパでの発言力は弱まり、外交に使える政治的、経済的、軍事的な資源はより少なくなる。世界におけるイギリスの役割は縮小し、対米関係もより特別ではなくなるだろう」と警告した。

ロンドンの主要3政党は独立回避へ向けて土壇場で大同団結し、3党首の連名でスコットランドへの「さらなる統治権限の委譲」を誓約し、独立派の勢いを削ごうと試みた。3党首が国会のスケジュールをキャンセルし、そろってスコットランド入りする場面もあった。キャメロン首相は現地で、独立は経済的な損失の大きい「痛みを伴う離婚」だと訴え、独立を思い止まるよう呼びかけた。その姿はまさに、なりふり構わないものだった。

市場も独立承認となった場合の政治的な混乱を懸念し、敏感に反応する。ポンドは売られ、スコットランドの銀行株は下落。イギリス国内の株式ファンドからは投票までの1週間で、10億ポンド（約1８0億円）の資金が逃避したという報道もあった。エジンバラに本店を置く大手銀行ロイヤル・バンク・オブ・スコットランドは独立承認の場合は、本店をロンドンに移すと発表し、間接的に独立派を牽制した。

また、エリザベス女王が「介入」したことも物議を醸した。スコットランドのバルモラル城で休暇中の女王は投票日の5日前、近くの教会での日曜礼拝後、住民投票について「人々が将来のことを慎重に考えることを期待します」と集まった人々に語りかけた。婉曲な表現ながら、スコットランドの連合王国残留への期待を示した発言であることは疑いない。王室は「意図した発言ではない」と政治介入を否定したが、不意に口を衝いた言葉ではないだろう。反王室団体「リパブリック」は、「王室と女王は自分たちの言動の意味を理解している。女王のコメントは意図的に投票に影響を及ぼそうとしたものだ」と批判した。女王発言がどれほどの影響を持ったのかは不明だ。しかし、発言前の世論調査では、スコットランド住民の62％が、独立しても女王を君主として頂くべきだと回答しており、女王の「お願い」が住民投票に全く影響を持たなかったと考えることは現実的でない。

消えない独立の火種

内外の大きな注目を集めた住民投票は予定通り9月18日に行われ、投票率は84・6％という驚異的な数字を示す。１９２８年にイギリスで普通選挙法が施行されて以来、最高の投票率だった。その結果は、独立賛成が45％、反対が55％。10ポイント差という、予想以上の差で独立は否決された。

この結果について、調査会社「ユーガブ」のピーター・ケルナー社長は「独立後の経済問題、特に通貨がどうなるのかについて明確な答えがなかったことが、最終的に結果を左右した」と分析した。独立否決は、民族党が主張した通貨ポンドの使用継続や、北海油田の収入で豊かな福祉社会を築く、という独立スコットランドの将来像に住民の多数派が懐疑的だったことを示す結果だった。エリザベス女王はさぞかし、ほっとしたことだろう。女王は声明で、「(住民投票は) 我々が持つ強固な民主主義の伝統がいかなるものであるかを示しました。我々がスコットランドへの恒久的な愛情を共有していることを思い出そうではありませんか」と連合王国の団結を呼びかけた。

しかし、独立問題は最終的な解決をみた訳ではない。マイケル・アッシュクロフト上院議員が約2000人を対象に投票後に行った調査の結果が興味深い。それによると、65歳以上の投票者の73%が独立に反対し、57%が通貨問題を最大の判断材料にしたと答えている。逆に25～34歳では独立賛成が約6割を占め、その理由として「ロンドンの政治への不満」をトップに挙げている。若年層ほど独立に前向きという結果は、スコットランドの独立機運が将来的に再燃する可能性を示唆するものである。

サモンド党首は敗北の責任を取って辞任を表明するとともに、「45%の住民が独立を支持した。誰もこんなことが可能になるとは思わなかったはずだ。スコットランド独立の夢は消えない」と将来への期待をつないだ。キャメロン首相も独立問題について「一世代の間は解決した」と述べるにとどめている。

◇　◇　◇

スコットランドに比べ目立った独立機運のないウェールズにも少し触れておきたい。ウェールズはイングランドとの社会的統合が進み、ロンドンへの反発も強くはない。独自議会設置の是非を問うた1997年の住民投票では、賛成が50・3%で、ぎりぎりの承認だった。自治政府設置後のウェールズの実情を知るため、2002年に首都カーディフを訪れた。地方分権強化策を受け、イギリス人のアイデンティティの危機がメディアで騒がれていたときである。

ウェールズで驚いたのは、ケルト語系のウェールズ語が思った以上に普及していることだった。ウェールズ語を話すのは人口の2割だが、道路やホテル内の標示は全て英語との2言語併用だ。ウェールズ議会の公用語でもあり、BBCにはウェールズ語放送もある。イギリス政府が1993年に「ウェールズ言語法」を制定し、ウェールズ語を英語と対等な地位にした成果だった。

ウェールズ議会を訪れ、ダフィード・エリス゠トーマス議長（与党・労働党。当時）に会った。自らのアイデンティティをどう捉えているかを尋ねると、「私は連合王国の市民だが、ナショナリティはウェールズだ」との答えが返ってきた。ウェールズの望ましい将来像については、「独立」という言葉は使わず、「EU内での完全な国家的地位（ナショナル・ステータス）の獲得」だと語り、20〜30年でウェールズの「国の形」は変わるだろう、と予測してみせた。

この将来像を具体的にイメージするのは難しい。しかし、歴史を紐解けば、欧州で国民国家という概念が明確になるのは、神聖ローマ帝国が解体し、1648年に結ばれたウェストファリア条約で主権国家体制が始まってからのことに過ぎない。そして、現在は逆に、その主権をEUに委譲するという「再統合」とも呼べる実験が進んでいる。欧州全体で、国の形が流動的になっているのである。EUが将来、スコットランドやウェールズなど「主権国家内ネーション」に正式なメンバー・ステータスを与えても不思議ではないのかもしれない。

◇　◇　◇

スコットランド住民投票は、イギリスの統治構造の諸問題を浮き彫りにした。それは、イングランドとスコットランドの統合を取り決めた条約を礎にする連合王国の矛盾と言える。エコノミスト誌はその特質を「(各地域の)議会の寄せ集め、不平等に分配された権力と憲政的な不透明さ」と表現した。問題が噴出するたびに局所補修を重ねてきたため、つぎはぎだらけとなっているという意味である。

その実情は、キャメロン首相が投票結果を受け、スコットランドへの分権強化を改めて約束するとともに、次のように語ったことが端的に示す。

「論議から抜け落ちている重大な部分は、イングランド問題であるとずっと考えてきた。我々はスコットランドの声を聞いた。次は、イングランドの声を聞かなければならない。スコットランド(議会)が独自に自分たちの課税、歳出、福祉問題で投票しているように、イングランド、ウェールズ、北アイルランドも独自にこれらの問題で投票できるようになるべきである」

発言が示すように、スコットランドは実は、連合王国の中で最も自主決定権を与えられた地域なのである。独立運動がくすぶり、歴史的に反ロンドン感情が強い経緯からなのだろう。ウェールズや北アイルランド議会には、スコットランド議会のような課税権は与えられていない。イングランドには独自議会すらない。そこでどんな矛盾が生じているかと言うと、イングランド選出の国会議員がスコットランド議会の法案に口出しできない一方で、イングランドだけに適用される法案の国会議決では、スコットランド選出の国会議員が投票権を持つというねじれだ。言わば、スコットランドはロンドンの国会を通してイングランド「内政」に関与しているが、イングランドはスコットランド「内政」に口出しできないという錯綜した状況である。議会制民主主義の「お手本」のように見られる連合王国だが、その統治構造はここまで不平等な状態なのである。

この各地域間の「政治権限格差」を解消することは、連邦制にでも移行しない限り不可能だろう。しかし、新たにイングランド議会を設置して連邦制へ移行すべきだという強い声は聞こえてこない。なぜなら、全人口の84%を占めるイングランドが他地域に比べて巨大過ぎて、イングランド住民に連邦制への関心がほとんどないからである。フィナンシャル・タイムズ紙のコラムニスト、クェンティン・ピエール氏は「(イギリスは)連邦制をとらない。これまで、多くの中途半端な妥協が分別ある制度としてとられてきたのである」と指摘している。

世論調査では、6割を超すイングランド住民が「スコットランド選出議員のイングランド関連法案への投票を禁止すべきだ」と答えている。しかし、仮にそうしても局所補修に過ぎない。スコットランドへの自治権拡大策や、統治システム改革は2015年の総選挙後に本格的に見直しが始まるが、抜本的な問題解決策は見えていない。

自治政府発足後のスコットランドとウェールズを訪ねて思ったことは、そこに住む人々の「国家」という枠組みを考える際の発想の柔軟さである。筆者には、国家とは、半永久的なもの、その形態が変わるとすれば戦争ぐらいしか想像が及ばなかった。しかし、連合王国では、地方分権と欧州統合の深化、移民の大量流入により、アイデンティティが揺らぎ、統治の在り方をめぐる「パンドラの箱」が開いてしまったかのようだ。というより、イギリスにとって国の形とは、状況に合わせて変化すべき「古くて、新しい問題」であり続けるのだろう。

歴史家ノーマン・デービス氏は『THE ISLES』でこう指摘している。

「私は、連合王国は大英帝国の利益に仕えるために創設され、帝国の喪失により存在意義をなくしたと考える歴史家のグループに属している」

連合王国はいずれ、その寿命が尽き、解体していくのだろうか。

コラム❼

フィッシンチップス　思い出に寄り添う郷愁の味

イギリスと日本はともに島国であり、海の幸に恵まれている。しかし、その楽しみ方は対極にある。

日本人は魚介類の食べ方にこだわり、刺し身や煮物、塩焼きにと創意工夫を凝らしてきた。片やイギリス人はひたすら白身魚を油で揚げ、フライドポテトとともに食べる「フィッシュ・アンド・チップス」に執着してきた。とは言え、この通称〝フィッシンチップス〟は思いの外、奥が深いのである。

イギリスでは、かなりの田舎に行っても〝チッピー〟と呼ばれるフィッシンチップスの持ち帰り店がある。食べ方の流儀は、包装紙（昔は新聞紙）にくるまれて出てくるフィッシンチップスに、麦芽で作ったモルトビネガーや塩をたっぷりかけてほかほかを味わうこと。そして、このファストフードの真骨頂は、そのビネガーの甘酸っぱさとともに人々のさまざまな思い出に寄り添っていることなのである。

例えば、夏のシーサイド。行列のできるチッピーは幸せな光景に欠かせないひとコマだ。家族で訪れた海辺の楽しい記憶や、子どもの頃の「お使い」の経験……。ロンドン在住の30代の男性は「フィッシンチップスは子どものころ、ごちそうだった。母親から頼まれて最初にお使いに行ったとき、注文を間違わないようドキドキしたことが忘れられない」と郷愁にひたった。

シンプルで、どこにでもあって、それでいて少しだけごちそう感覚。多くの人たちが思い出を共有するフィッシンチップスは、まさにイギリス人にとって国民食なのである。

ただし、魚のフライもチップスも、その起源は大陸欧州にあるようだ。面白いのは、フライドポテトの起源。17世紀のベルギーで冬に川が凍って魚が取れなかったとき、ある主婦がポテトを魚の形に切って油で揚げ、魚のフライの代用にしたのが最初という説が有力だ。この因縁めいた魚のフライとフライドポテトは、19世紀半ばのイギリスでフィッシンチップスとして定番の名コンビとなり、手ごろな栄養源として労働者層に急速に広まっていく。

フィッシュ・アンド・チップスは、フィッシュ・ウィズ・チップスではない。チップスは添え物（ウィズ）ではなく、魚と対等に近いパートナー（アンド）なのである。だから、本格的なレストランになると、ポテトにもこだわりがある。ロンドン西部ノッティングヒルにある1939年創業の「ジールズ（Geales）」もその一つ。

この店では、季節や天候に合わせて5種類のポテトを使い分けている。「チップスを抜いた魚フライなど考えられない。チップスは大きな長方形で、外側はカリカリ感があり、内側はふんわりとしていなければならない」。オーナーのマーク・フラー氏はこう力説した。

キッチンをのぞくと、毎朝漁港から届く白身魚の中には、定番のコッドやハドック（ともにタラ科）のほか、刺し身にしたくなるような肉厚のヒラメまであった。乱獲による資源不足への懸念から、材料の多角化を試みているのだという。だが、レシピは伝統を堅持。フラー氏は「我々のフィッシンチップスはイギリス国旗や女王と同じくらい伝統的なもの」と胸を張る。常連には有名人が多く、毎週ロールス・ロイスで乗りつけて持ち帰りをする芸能人もいるとか。

一般的な作り方では、フライの衣を練る際、水の代わりに黒ビールを加えるのがポイント。そうすれば、サクサクとした歯ごたえがより引き立つという。

筆者もフィッシンチップスのファンで、駐在時代はよく食べていた。夏の海辺もいいが、お気に入りは、冬の週末のランチタイム。薄暗いパブで暖炉の脇に陣取り、生ぬるいイギリス伝統のエール・ビールを飲みながら食べるフィッシンチップスは格別だった。

第8章

激動期の連合王国

イギリス首相官邸兼公邸ダウニング街10番地
写真：著者撮影

ロンドン同時テロ

2005年7月7日。ワシントン特派員だった筆者は、ブッシュ米大統領の外遊に同行してスコットランドにいた。当地の高級リゾート・グレンイーグルスでこの日、G8サミット（主要8ヵ国首脳会議）が始まった。その会場に衝撃を走らせたのが、ロンドンでの同時爆破テロだった。7日の朝の通勤ラッシュ時間帯に、ロンドンの地下鉄とバスで相次いで自爆テロが起き、死者56人、負傷者770人というイギリス史上最悪のテロが起きた。前日6日には、シンガポールで開かれた国際オリンピック委員会（IOC）総会でロンドンが2012年夏季五輪の開催地に決定していただけに、イギリスは一夜にして有頂天から悲嘆のどん底に転がり落ちたのである。

このテロがイギリスに与えた衝撃は、米同時多発テロとは異質であり、ある意味でより深刻だった。なぜなら、ロンドン同時テロの実行犯4人は、外国の過激派ではなく、移民2世のイスラム教徒の若者だったからだ。いわゆる、「ホーム・グロン・テロリスト（自国育ちのテロリスト）」である。事件の調査報告書では、犯人4人のうち2人がパキスタンのテロリストキャンプを訪れていたことが判明し、テロの動機の一部は、イギリスの対テロ戦争など外交政策への反発にあったと結論づけられた。社会を驚かせたのは、被害の巨大さに比べて、犯行に使われた爆弾作りの容易さだった。犯人らはインターネットで知識を得て、わずか数百ポンドで爆弾を作っていたとされる。巨額の予算を費やす対テロ戦争の仰々しさと、国内で自国民が起こしたテロのあっけなさ。イギリスは不意を衝かれた格好だった。

ブレア首相はイギリスを対テロ戦争の泥沼に引き込んだだけでなく、史上最悪のテロを許した首相となった。ブレア首相の憤りは、2006年12月8日の演説にストレートに表れている。

「我々の開放性や異質なものを受け入れる姿勢、多様な文化が息づく国であることへの誇りに（テロ犯は）付け入った。（イギリス国民には）そのことへの不安や懸念、憤りがある。寛容さはイギリスという国を構成する一部である。（イギリス社会に）適応するか、そうでないなら、（この国に）来るなと言いたい」

イギリスは戦後、旧植民地諸国の市民にイギリス国籍を選ぶ権利を与えた。女王の「臣民」であり、労働力不足を補うという目的があったとは言え、やはり寛

通行人が撮影したロンドンのバス爆破テロ直後の現場　写真：ロイター＝共同

容な政策だ。これに伴い、南西アジアやカリブ海、アフリカ諸国から大量の移民が押し寄せる。しかし、イギリスは移民に対し同化を求めなかった。出身国の習慣・文化を維持することを容認する多文化主義の方針を取ったのである。この姿勢は、歴史的にイギリス社会に通底するものだ。なにしろ、国王ですら大陸欧州の様々な国から受け入れてきたのだから。日本の天皇が「万世一系」とされてきたことと比べると、君主の在り方は、「国民」の在り方に投影されるのだろう。

ブレア政権も移民受け入れに寛容だった。彼の時代10年間に、移民は実数で130万人も増えている。この時期に、EUは域内でのヒトの自由な移動の原則を新規加盟の中東欧諸国にも拡大したが、ブレア首相はこれら地域からの移民も差別なく受け入れた。

長年の移民政策が築き上げてきたイギリス社会の民族的多様性には目を見張るものがある。2000年代中盤で、ロンドンの小学生の過半数が英語以外の言葉を第1言語（母国語）とし、市内には350もの言語グループが存在している。グローバリズムを、ヒト、モノ、カネが自由に移動する世界と定義するなら、イギリスはまさにその最先端をいく国の一つであり続けてきた。その子どもたちが築き上げる国際的なネットワークを想像してほしい。グローバルな競争が激化する世界において、イギリスは巨大な人的資産を持つのである。

一方で、移民に寛容な多文化主義は、イギリス社会を蝕んでもいた。移民には出身国や言語、宗教などの近似性で集住する傾向が強い。このため、社会には断層線が走り、コミュニティの分断を生んでしまったのである。2010年の政府系調査「イギリス人の社会的態度調査」では、イギリス人の52%が「社会は宗教のラインで分断されている」と答えている。多文化主義は、寛容さの一方で、異質なコミュニティへの無関心をもたらした。「寛容さ」と「無関心」は紙一重である。

イギリス社会にも就職面などで人種差別は歴然としてある。目には見えにくいが、構造化された差別と、人種的に分断されたコミュニティ。この2つが結びついたとき、少数派のコミュニティでは、若者を中心に社会の主流派からの疎外感を生みやすいのである。

◇　◇　◇

「開かれた社会」は、世界から過激派を惹きつけ、その吹き溜まりのようにもなっている。こうした過激派は問題を起こして逮捕されても、欧州的な人権優先の政策から、出身国に送還されることは少ない。イギリスの法律は、本国で拷問を受ける可能性のある者の送還を禁じている。仮にイギリスの国内法で守られなくても、被告らは、欧州人権裁判所(仏ストラスブール)まで提訴できる。具体的な例を挙げるなら、2004年に逮捕されたアブ・ハムザ・マスリというイスラム過激派指導者をめぐり、身柄をアメリカへ引き渡すことの是非を争った欧州人権裁判所での法廷闘争は8年を要している。

寛容な移民政策からイスラム過激派の一大活動拠点となったロンドンは、アフガニスタンをもじって「ロンドニスタン」と呼ばれるほどだ。2009年12月のクリスマスには、米ノースウェスト機爆破未遂事件が起きた。その犯人のナイジェリア人青年、アブドルムタラブはロンドン留学中にイスラム過激派との接点ができ、テロの実行犯になったことが分かっている。この青年はロンドン大（UCL）のイスラム・ソサエティ（ISOC）の会長を務めていた。シンクタンク「社会統合研究所」（ロンドン）のダグラス・マリー所長は、「イギリスの大学のISOC会長が重大なテロ犯罪で逮捕されたのはこれで4人目だ。CIA（米中央情報局）は情報収集活動の相当部分をイギリスで行っていると言われる。アメリカにとってイギリスは安全保障上の大きな懸念になっている」と語った。

イギリス国内のモスクでは、イスラム過激派の指導者が堂々と欧米諸国へのジハード（聖戦）を訴える姿がある。こうした説教に、社会からの疎外感に悩むイスラム青年が惹きつけられる。ここに、ホーム・グロン・テロリストを生む土壌があるとされる。

ロンドン同時テロの実行犯4人がいかに過激化したのかは分かっていないが、彼らはイギリス社会の主流派から孤立しがちなイスラム・コミュニティの出身だった。イギリスのホーム・グロン・テロリストが起こした事件としては他にも、2001年にパリ発マイアミ行きの航空機の爆破を企てて逮捕されたケースなどがある。

ロンドンでイスラム青年の過激化防止活動に取り組む男性に会ったことがある。その話の中で意外だったのは、過激組織に洗脳されやすい若者像を次のように説明したことだ。

「テロリストになるのは、道で困った人に出会ったら助けてあげるような、思いやりや正義感の強い若者が多いのです」

欧米で暮らすイスラム青年らの心の中へと少し想像力を働かせてみたい。

移民2世、3世らは、両親によってイスラムの教え、慣習に沿って育てられる。唯一神アッラーを信じ、1日5回のお祈りを行い、豚肉やアルコールはタブーであり、女性は肌を露出しないというような教えである。子どもたちはその延長線上で、学校に入って西洋的教育を受け、社会に出て西洋的ライフスタイルに日々接することになる。見逃せないのは、テロや過激思想に走るのは20代の青年が圧倒的に多いことである。彼らの多感な思春期は、米同時多発テロ（2001年）後に、イスラムへの偏見、「文明の衝突」的な世界観、極右による反移民・反イスラムデモが急激に拡散した時期に重なる。そして、欧米社会にはイスラム系住民への居住面や就職面などで目に見えにくい差別がある。

こうした環境に置かれたイスラムの若者が疎外感を覚え、「自分は一体何者なのか」というアイデンティティの葛藤を覚えることは自然なことだろう。その満たされない心理状態に付け入るのが、イスラム過激組織であり、自分を見失った青年らを誤った宗教的教義で洗脳し、テロへ走らせているのである。

これが、イスラム過激組織ISが、イギリスからの数百人を含め、欧米社会から多くの若者を引きつけて、急速に存在感を強めた背景である。ISはシリアとイラクの一部領土を支配し、米国は有志国連合で空爆している。しかし、軍事作戦では問題の根っこにある過激思想を撃退し、メンバーの供給源となっている社会的土壌を改善することができないことは明らかだ。仮にISを弱体化させたとしても、その過激主義を継ぐ新たな組織を生むだけだろう。問題の芽を摘むには、欧米社会とイスラム社会の融和という遠大な課題が横たわっているのである。

ブレア政権下では、テロ防止などを目的に国内の監視カメラの数が400万台まで増えた。欧州には人権重視のイメージが強いが、イギリスでは、国民の多数派が安全を優先する立場から、「監視社会」を受け入れている。

デジタル時代の暴動

国際金融街シティを抱え、世界の富を引きつけるロンドンは、むき出しのマテリアリズム（物質主義）が闊歩する街でもある。「持つ者」は消費文化の贅を極め、「持たざる者」

は貧困から抜け出す希望さえない。そのコントラストは非情なまでに鮮明だ。ロンドンは、グローバルな自由競争がもたらす格差社会の先頭を行く都市である。

所得格差は、1970年代後半から80年代初めにかけて、ITなどの技術革新や経済のグローバル化を背景に、英語圏、特にイギリスとアメリカで拡大し始めたとされている。所得分配の不平等さを示すジニ係数（1に近いほど格差が大きい）の2008年の数字（所得再分配後）を見ると、先進国ではアメリカ（0・38）に次いでイギリス（0・34）の格差が大きい。経済協力開発機構（OECD）のデータでは、イギリスの2008年の所得分布は、最上層10％の平均年間所得が5万5000ポンド（約990万円）だったのに対し、最下層10％は4700ポンド（約85万円）しかなく、その差は12倍（加盟国全体では9倍）に及んだ。1985年のその差は8倍であり、格差は広がっている。また、OECDの2010年の報告書では、親の経済事情が子に反映される割合が最も高いのもイギリスで、先進国の中でソーシャル・モビリティ（社会的流動性）が最も低いと判定された。

そんな閉塞感が漂う最下層の若者らの不満が爆発した。2011年夏、ロンドンを中心に空前の大暴動が起きたのである。先進国の首都で略奪と破壊、放火の限りが尽くされるという光景。総額2億ポンド（約360億円）と推定された被害の規模。逮捕者が3000人に上り、裁判所での司法手続きが24時間夜を徹して続くという異様さ。「ロンドン炎上」

「暴徒が街を支配」という新聞の大見出しも決して大げさではなかった。
暴動が燃えさかったのは、学校が夏休み中の8月6日から10日までの5日間だった。発端は、警察が麻薬取引の容疑などで内偵していた黒人男性（29歳）を逮捕しようとした際に射殺し、遺族への状況説明が遅れたことだった。不信を強めた家族らが地元のロンドン北部トットナム地区で抗議デモを行い、これが暴動に発展。6日の土曜日に始まった暴動は、3日目の月曜の夜にロンドン各地へ急速に拡大し、リバプールやリーズ、ブリストルなどイングランド各地の都市へも飛び火した。
想定外の事態にロンドンはパニック状態になる。各地で、暴徒らはここぞとばかりに罵《ば》詈《り》雑言を吐き、それを遠巻きに見守る一般住民の不安の声が交錯した。その一部をメディア報道から引用する。
《暴徒》
「我々には仕事もない、金もない。他の奴らがただで物を奪っていると知れば、何で俺たちはやっちゃだめなんだと思うのが普通だろう」（東部ハックニー地区の少年）
「俺たちはやろうと思えば何でもできる。そのことを警察や金持ちに見せつけてやるんだ」（テレビ取材に答えた2人の17歳の少年）
《一般市民》

「まるで戦場のようだ。警察は何もしていない。たくさんの暴徒がいるのに、警察の数が十分ではない」(南部ペッカム地区のマシュー・ヨーランドさん)

「若者らが横道から飛び出してきて、100人ほどがカレーズ(家電量販店)に押し入り、大型テレビなどを盗み出した。トレーナーを手にした一人の少年が『サイズを間違えた』と叫び、店に戻った」(南部クラプハム・ジャンクション地区のテッド・ナイトさん)

ロンドン各地で放火により建物が炎上する。暴徒らが吐く言葉は威勢こそいいが、破壊行為の大半は日用品の略奪だった。ワイン1本を盗んで逃走する少年や、大型テレビを両手に抱えて商店から飛び出してくる若者……。中には、後日逮捕された際に盗難防止用の電子タグが付いたままのスポーツシューズを履いていた若者もいた。

犯した罪の大きさ、その後の人生につきまとうだろう犯罪歴。彼らが盗んだ品々は、リスクに見合うようなものでは決してなかった。そんな事にも思いが至らない若者がこれほど大勢いる現実を知ったことが、ショッキングだった。欲しい物を買えない「持たざる者」が略奪に走った暴動は、イギリスの中の「途上国」の反乱だった。

暴動の根底に、不公平な社会への反発や憤りがあったとしても、彼らには、社会の矛盾を言葉に変えて訴える「大義」がなかった。

シンクタンク「ロンドン研究所」のベン・ロジャーズ所長は、「ロンドンでこれほどの規模の暴動が起きたのは少なくとも19世紀以来のことだ。近年では、１９８０年代に人種的な要因の暴動があった。その際、（暴徒の黒人の）敵意は警察に向けられていた。今回の暴動は明確な焦点がない。大半が略奪目的の便乗的なものだった」と分析した。

筆者の住んでいたロンドン西部のイーリング・ブロードウェー地区も襲われた。自宅から数百メートルしか離れていないタウンセンターが標的になり、死者も出た。たがが外れた若者らは、乗り合いバスを乗っ取り、街灯に激突させるという行為にまで及んだ。この地区は日本人も多く住むミドルクラス主体の住宅街で、これまで暴動とは無縁だった。

若者らが突然暴れ始めたのは8日夜10時過ぎだった。彼らは石を投げつけて商店のガラスを割り、アルコール類や衣類などを盗み出していた。手当たり次第に、駐車している車や、ゴミの山に火を付けていた。暴徒の数ははっきりしないが、１００〜２００人ぐらいだったようだ。その多くが黒人の青年で、頭にフードを被っていた。でも、誰が暴徒なのかは、略奪の場面でも目撃しない限り分からなかった。

防護服に身を固めた警官は出動していたが、その数は少なく、横に隊列を組んで暴徒らの動きを制限するだけで手一杯だ。それを見た暴徒らはさらに大胆になり、警官を挑発し、パトカーを襲う。上空では、ヘリが低空旋回し、けたたましい音が響いていた。そこに広がる光景は、まさに無法地帯そのものだった。

イーリング地区での暴動は、9日未明まで続き、筆者が普段立ち寄っていたコンビニは放火で全焼した。日常生活の一部だったスーパーやコーヒーショップなども破壊された。暴動翌日の夕方、イーリングのタウンセンターを抜けて自宅へ歩くと、ほとんどの商店がボードで店舗を覆っていた。割られたショーウィンドーの応急処置なのか、さらなる襲撃に備えたものなのか。人通りも少なく、「死の街」の様相を呈していた光景は、ハリウッド映画のセットと言われれば、そう思えるほど現実感のないものだった。

街を歩きながら思ったことは、「安全」とはこれほど脆いものなのか、ということだ。国家の最大の義務は、国民の安全と財産を守ることである。日々の安全は国家により守られていると思い込んでいた。しかし、日常の安全とは、市民同士の「相互信頼」という礎の上に成り立っているだけなのだということを思い知った。例えば、ロンドンの繁華街で高級ブティックが瀟洒《しょうしゃ》なガラス張りのビルを建て得るのは、誰も襲わないという社会への信頼があるからだろう。

暴動は、その信頼を大きく傷つけた。事態を受け、市民が監視カメラの設置などで自己防衛の姿勢を強めるのは間違いない。それは、市民同士を隔てる「心の壁」がさらに高くなることを意味する。

暴動が沈静化した後、英メディアは「どんな若者が暴徒なのか」と自問した。裁判所に出廷した逮捕者には、裕福な女子大生やグラフィックデザイナー、小学校の補助教員らも含まれていたからだ。キャメロン首相はイタリアでの夏休みから急きょ帰国し、臨時議会で「異なる（背景の）若者らが同じ行動を取るという新たな難題に直面している」と述べ、事態を「新たなタイプの暴動」と呼んだ。

暴徒が一様でなかったのは、ソーシャルメディアの影響とされている。若者たちは、スマートフォンのメッセージ機能やツイッターなどで決起を呼びかけ、集合場所や時間を取り決めていた。報道されたそんなメッセージの一つは、「ロンドン各地のみんな、（目抜き通り）オックスフォードサーカスで待ち合わせようぜ。商店を襲って、ただで品物をせしめるんだ」と発信している。ソーシャルメディアが、社会的背景の異なる若者らを結び付ける役割をどれだけ果たしたかは分からないが、決起の道具として利用されたのは明らかだ。このため、今回の暴動は、イギリスが初めて経験した「デジタル時代の暴動」とも呼ばれた。

暴徒らの社会的背景が一様でなかったとしても、その大半はやはり貧困層だった。ガーディアン紙が行った逮捕者約1000人の法廷記録の調査がそれを裏付ける。それによると、暴徒の41％がイングランドで経済的に最も恵まれない地域10％の居住者だった。年齢的には66％が25歳以下で、有職者と学生の合計、すなわち「日常的にやることがある若者」はわずか8・6%だった。

暴動が起きたのは、その発端となったロンドン北部のトットナム地区や、早い段階で飛び火した東部ハックニー地区（ロンドン五輪のメイン会場近く）など、若者の失業率が高い地域が多い。こうした地区の公営団地の中には、住民の8〜9割が失業手当ての受給者という所もあるという。暴徒の7割は、一人親の家庭という報道もあった。こうした生活環境で育つ子どもたちは、ギャング文化に染まりやすいとされる。ロンドン警視庁の2012年の調査では、市内には250を超える若者のギャンググループが存在している。

シンクタンク「社会正義研究所」（ロンドン）のギャビン・プール所長は、「暴動はイギリス社会の壊れた部分を露呈した。暴徒の多くが、安定した家庭やロールモデルとなる父親を知らない。彼らは、失うものなど何もなく、誰にも責任を負わないと感じている」と指摘した。

タイムズ紙の2010年9月の世論調査では、7割が「イギリス社会は壊れている」とし、64%がイギリスは誤った方向に向かっていると答えている。キャメロン首相らは暴徒を「ただの犯罪者」と切り捨てたが、暴動の背景に、社会から孤立した若者らの閉塞感、失業、格差拡大などの問題があることは間違いない。

キャメロン首相は暴動前の2011年2月、ドイツで開かれた国際会議で演説し、「イギリスの多文化主義は失敗した」と大胆な発言をしていた。キャメロン氏は「我々は彼ら（移民）が帰属したいと願うような社会のビジョンを示してこなかった。隔離されたコミュニティが我々の価値に反する行動を取ることに寛容でさえあった」と述べ、移民に対するこれまでの「手放しの寛容さ」を見直し、社会統合を促進する必要性に言及した。しかし、その具体策は難しく、イギリス国民が「法の支配」や「宗教の自由」などリベラルな価値観を共有する「一つのアイデンティティ」を持つことや、過激主義に立ち向かわない団体への支援を中止する方針などを示しただけだった。

漂流する国家像

イギリスは「アイデアの国」である。戦後の政治理念を見ても、「揺りかごから墓場まで」で知られる福祉国家を築いた終戦直後のアトリー労働党政権、新自由主義のサッチャリズム、ブレア首相の「第3の道」と続く。こうした理念は世界の政治潮流に大きな影響を与えてきた。2010年に発足したキャメロン政権は、市民の互助精神や、地域社会の権限強化により社会問題の解決を図る「大きな社会（ビッグ・ソサエティ）」という理念を打ち出した。しかし、その理念はインパクトを持ち得ていない。労働党からも目新しいアイデアは聞こえてこない。

グローバル化がここまで進展する前は、イギリスの政治はよりシンプルだった。選択肢は、「大きな政府」か「小さな政府」かであり、程度の差こそあれ、資本主義の矛盾を社会政策で補うという福祉国家路線だった。しかし、急速にグローバル化する世界では、どこの国でも民主主義という政治システムそのものが機能不全を起こす傾向が強まっている。自由に国境を越えるヒト、モノ、カネ、サービスが問題を引き起こし、一国では対処できない複雑な問題が増えているからだ。加えて、ヨーロッパではEUへの権限委譲が進み、加盟国政府の政治的な裁量が狭まっている事情がある。

世界を取り巻く21世紀初頭の大状況とはいかなるものか。米シンクタンク「ニューアメリカ財団」のヤシャ・モンク氏が、米外交誌「フォーリン・アフェアーズ」（2014年10月号）に寄稿した論文「欧米の政治危機とポピュリズムの台頭」は示唆に富む。モンク氏は、第2次大戦後の民主主義体制の安定は好ましい経済・人口動態に依存していたもので、例外的な時代だったと指摘。現在、各国が直面する課題として「拡大する経済格差」「社会流動性の低下」「中間層の生活レベル低下」の3つを挙げる。そして、民主主義の危機の原因の一つは、旧世代より新世代の生活レベルが低下していることであり、「親の世代よりもよい賃金を得て、長生きをし、より多くの時間を余暇に当てられるようになる」と誰もが考えてきたことが当然視できなくなっていることだと分析している。

確かに、どこの先進国を見ても、大戦後のベビーブーム世代が後継世代の不安を横目に一人勝ち逃げしそうな形勢だ。この世代は、サラリーが上昇し、手頃な価格でマイホームを手にし、その資産価値は膨れ、相対的に安定した年金に恵まれている。一方、その子ども世代は、雇用は不安定で、親世代の年金に貢献させられた挙げ句、将来的に自分たちが十分な年金をもらえるかどうかも不確かだ。経済格差という水平的な格差は以前からあった。これに対し、垂直的な世代間格差という新たな事態は若年層の将来への希望を萎えさせることで、社会により深刻な弊害をもたらす可能性があるのではないか。

「保守主義の父」と呼ばれるイギリスの政治思想家エドマンド・バークは、社会を生きている者同士の関係に止まらず、生きている者と、死んだ者と、これから生まれてくる者との協力関係であると喝破した。中世イタリアの詩人、ダンテもこう語っている。「われわれの子孫が豊かになるように。われらも後からくる者の発展のために、骨折らねばならない」。2人の賢人が言わんとすることは、こうした世代間の暗黙の契約がなければ、社会は健全に機能していかないということだろう。だが、現状は、将来的に誰が貧乏クジを引くかという「ネズミ講的社会」になり果てようとしているのではないか。

こうした大状況下、イギリスが直面する諸課題は大きく2つに分類されるように思う。一つは、若者を中心にした国民に将来への希望を与え、福祉国家を支えていくために、十分な経済成長を果たせるか、ということだ。

グローバル市場経済の下では、国家を豊かにすることは必ずしも、個人を豊かにすることにはつながらないことが明白になっている。そして、拡大する格差は社会を不安定化させる。富の偏在は、中間層以下の教育水準や消費需要の低下をもたらし、国家の衰退を招くとの指摘もある。先進各国の経済成長のトレンドには、国民所得の「平均値」は引き上げても、上位から順番に並べた場合の「中央値」は逆に低下するという特徴があるからだ。

格差拡大が市場経済の宿痾《しゅくあ》であるなら、弱者は政府が何らかの形でケアしていかなければならない。その際の基本路線は、自助努力を重んじるアメリカのように底辺層の社会的能力を引き上げようとするのか、西欧社民主義のようにその格差を社会福祉で緩和しようとするのか、どちらかである。欧米間の差は、貧困の原因の捉え方の違いに由来するものだ。アメリカは貧困を「本人が努力しないからだ」と個人の問題にしがちだ。一方、欧州ではその人が生まれ育った環境にハンディがあったと捉え、社会全体でケアすることを当然と考える。近年のイギリスの政治理念は、こうしたアメリカと欧州の中間路線を行こうとするものである。

市場主義を社会のオペレーション・システム（ＯＳ）にする立場から、競争社会のメリトクラシー（能力主義）をとことん追求する一方で、競争に敗れた弱者はかなり手厚くケアしていこうとしている。

しかし、実態はうまく機能していない。グローバリゼーションの社会秩序を乱す破壊力の大きさに対し、労働党、保守党の政策があまりに中途半端で、大胆さを欠くからである。その原因の一部は、逆説的だが、社会の中産階級化だろう。中間層の支持なくして選挙に勝てなくなったため、2大政党はともに中道に寄り、大胆な政策を打ち出せなくなっているのである。

リーマン・ショック後の欧州では、イギリスも含めて政治への信頼低下が著しい。ユーロ・財政危機への対処で各国が右往左往した姿は、「民主主義はグローバル化した経済問題の解決に有効なのか」という疑問を突きつけた。国家破綻の危機に直面したギリシャとイタリアで、選挙の洗礼を受けていない経済テクノクラートを首相に据えざるを得なくなった現実は、民主主義が直面する試練の深刻さを浮き彫りにした。

グローバル経済の下で噴出する諸問題に、どこの国が最もうまく対処し、国際社会に新たな政治的アイデアやモデルを示すことができるのかは、各国間の競争である。安倍晋三首相のアベノミクスが国際的に関心を集めたのも、各国が新たな成功モデルを探しているからである。キャメロン首相は「英米の保守派とリベラル派の双方が政府の果たすべき役割を必死で探っている」と語っている。大英帝国の建設により自由経済を世界に普及させ、一貫してグローバリズムの最先端を走り続けるイギリスも、新たな統治モデルを模索し続けているのである。

◇　◇　◇

イギリスが直面するもう一つの大きな課題は、外の世界との関わり方である。東西冷戦とイデオロギーの時代が終わり、外交の自由度が増した結果、現在の世界では国際社会といかなる関係を築いていくかが問われるようになった。「開かれた社会」を目指すのか否かということであり、多極化する世界において国際的な責任を果たしながらいかに国益を確保していくのか、ということでもある。その際、為政者の手足を縛るのが、グローバリズムへの世論の反発、内向きなナショナリズムの高揚である。

キャメロン首相は2013年1月、保守党が次期総選挙（2015年5月）に勝利した場合、イギリスがEUから離脱することの是非を問う国民投票を実施するという、衝撃的な発表を行った。イギリスでは元々、反EU感情が強い。この国民感情の火に、ユーロ危機が油を注いだ結果である。

ユーロ危機が深刻化した2011年以降、世論調査ではEU離脱を支持する人が増え、一時は離脱支持が5割を超す結果も出るようになった。欧州懐疑派を党内に抱え込む与党・保守党にとって、EU問題はアキレス腱だ。サッチャー首相やメージャー首相も欧州問題への対応が一つの引き金となり、首相の座を去った経緯がある。キャメロン政権下では、保守党の反欧州派がEU離脱の国民投票を実施するよう求める動議を提出するなど、政権への揺さぶりを強めた。

また、反EU感情が高まった背景には、域内の自由移動を原則にするEUが2000年代に入って東欧に急拡大し、移民が大量に流入していることに対する国民の不満も大きい。2014年のイギリスの純増移民数（入国移民から出国移民を差し引いた数）は29万8000人で前年から42％も増加している。

キャメロン政権は2010年の発足時、任期5年間のうちにこの数を「数万人」に抑えるという目標を掲げていただけに、政策は破綻した形だ。

同政権は、EU域外からの移民は厳しく抑え込んでいるものの、EU加盟国からの移民には対処しようがないのが実情だ。こうした事情から、雇用や公共住宅の割り当て、社会福祉面で移民と競合する低所得者層を中心に、「イギリス人に与えられるべき恩恵が移民に奪われている」との認識が広がり、EUへの反発が強まっているのである。

欧州では、1957年に発足したEEC（欧州経済共同体）の時代から「自由移動」の原則が掲げられてきた。当時のEECは西欧諸国のみで構成されており、現在のような東欧から西欧への「経済移民」の奔流は想定されていなかっただろう。それでも、独仏などはこのリベラルな基本原則の旗を降ろそうとしない。一方で、イギリスはその理想についていけなくなっている。「自由」を国是とするイギリスも、ボーダーレスな人の流れを前に、その原則を維持するのが困難になっているのである。

また、ＥＵという組織自体への反発も２つのレベルで強まっている。まずは、ＥＵへの権限委譲が進んだ結果、「ＥＵから伝達される決定によりイギリス政府と議会はますます無力になっている」ことへの抵抗である。加えて、ブリュッセルで政策決定を行う人々への反感がある。ＥＵの統治機構には、加盟各国の選挙で議員が選ばれる欧州議会があるものの、その権限は極めて弱い。実際に政策を動かしているのは、選挙を経ていない官僚たちである。この構造は「民主主義の赤字」という批判を浴びている。

キャメロン首相は、国民のＥＵへの幻滅が「かつてなく高まっている」と認め、保守党支持層をつなぎ止め、党の団結を維持するために、ＥＵ離脱を問う国民投票の実施を約束せざるを得なくなったのである。

◇　◇　◇

ここに至る事情には伏線がある。イギリス政府が、ポンド防衛の戦いに敗れた１９９２年の「ブラック・ウェンズデー（暗黒の水曜日）」という屈辱の出来事である。

ＥＵは１９７９年、将来の通貨統合を目指した欧州通貨制度（ＥＭＳ）の一環として欧州為替相場メカニズム（ＥＲＭ）を立ち上げた。これは、域内の為替相場の安定を目的に、加盟国が自国通貨と欧州最強のドイツ・マルクとの為替相場を一定幅に維持するという固定相場制度である。各国は自国通貨をその変動幅内に留めるため、為替介入（通貨の売買）と公定歩合の調整で相場を調整する義務を負う。イギリスは１９９０年にＥＲＭに参加していた。

基軸通貨マルクを管理するドイツは当時、東西統一を果たしたばかりで、資金需要から大量の紙幣を印刷しており、インフレ防止のために金利を高い水準で維持していた。これを背景に、外国から大量の資金が流入し、マルクは高止まりしていた。

イギリスは景気が低迷していたが、公定歩合の引き上げなどでマルクとの為替レートを維持しなければならなかった。しかし、それはイギリス経済の実力を無視した自殺行為だった。ここに目を付けたのが、ヘッジ・ファンドを率いるジョージ・ソロス氏である。ソロス氏はポンドの過大評価を見逃さず、ポンドを売り浴びせ、安くなった時点で買い戻すという作戦に出る。ここに、メージャー保守党政権下の１９９２年９月16日の水曜日、市場における前代未聞のチキンレースが始まる。それは、ポンドを売る投機家と、ポンドを守ろうとする国家のどちらが先に後ずさるかという異様な戦いだった。

ポンド買いの市場介入だけでは〝焼け石〟に水状態で、イングランド銀行は午前11時に公定歩合を2ポイント上げて12％にすると発表。それでも、ポンドの売り浴びせは止まらない。政府はパニック状態となり、午後2時過ぎには公定歩合を15％にすると再び発表。こんな高金利が続けば、企業の倒産が相次ぎ、マイホームローンの返済不履行に追い込まれる家庭が続出することが懸念される水準である。それでも、状況は変わらず、メージャー政権は同夜7時半過ぎ、とうとう、ＥＲＭ加盟停止の発表に追い込まれたのである。ちなみに、ソロス氏はこの1日で10億ドルの利益を得たとされる。

イギリスにとってこの出来事は、１９７６年12月にイギリス病と呼ばれた経済停滞下で財政破綻し、国際通貨基金（ＩＭＦ）の支援を仰いで以来の国際的威信を失墜させる経済的な大敗北だった。一方で、ＥＲＭ離脱は、イギリスの経済回復という意図せぬ幸運をもたらすことになる。ポンドが下落し、輸出産業にとって追い風となったからだ。イギリス経済は、ＥＲＭ離脱翌年の１９９３年からリーマン・ショックの２００８年まで安定成長を続けるのである。

このポンドをめぐる攻防の過程で、メージャー首相はドイツのコール首相に重ねて金利の引き下げを要請していたが、最後まで聞き入れられなかった。欧州懐疑派は、この失態を欧州統合参加がイギリスにもたらす危険を象徴する出来事だと位置づけるようになる。

メージャー氏は、イギリス社会への影響をこう語っている。

「4半世紀にわたる（欧州統合への）不安が、欧州へのいかなる関与強化も拒否する事態に変わってしまった……感情（EUへの懐疑心）の流れが堤防を突き破ってしまった」

ERM離脱は、イギリスから統一通貨ユーロ加盟の選択肢を消しただけでなく、EUとの関係を考える際のトラウマとなっていくのである。

◇　◇　◇

このトラウマを、メージャー政権後のブレア政権は果敢に乗り越えようとした。1997年10月、ユーロ導入に向けた準備を始めると表明したのである。ブレア首相は導入の条件として、＊「5つの経済テスト」をクリアする＊その後で導入の是非を問う国民投票を行う、という2つのハードルを示した。1999年には、保守党や自由民主党の大物らも名を連ねる超党派組織「欧州の中のイギリス」を立ち上げ、導入に向けたキャンペーンを始めた。

しかし、イギリス国民が大陸欧州に向ける懐疑心は強い。ユーロ導入に反対する世論は一貫して6割前後に及ぶ。歴史的経緯に由来する仏独などへの反感や価値観の違い（例えば、市場主義経済への姿勢）に根ざすものだ。社会的制度や慣習を見ても、イギリスでは、自動車は大陸欧州とは逆に左車線通行であり、重さはポンド、距離はマイルというように度量衡の単位も一人孤高を貫いている。英仏を結ぶユーロ・トンネルに自動車道が敷かれなかったのは、イギリスと大陸欧州では自動車の走行車線が逆で、合流させると危険なためという説もある。このエピソードは、その真偽は別にして、イギリスと大陸欧州の心理的距離感を象徴しているようにみえる。

戦後イギリスの政治指導者は、米国との大西洋同盟を重視する立場と、大陸欧州との関係を重視する欧州主義の間で揺れてきた。大陸欧州とは、仏独の2大国が主導して統合が進む地域であり、イギリスはなかなか影響を与えることができない。だから、歴代政権は基本的に対米同盟を基軸として大陸欧州に臨むという無難な外交姿勢を続けてきた。ブレア首相がユーロ加盟に意欲を見せたのは、その流れを断ち切り、イギリスが欧州のリーダーになるという野望を持ったためだ。為替リスクを嫌う経済界からの強い要請があったとは言え、経済的な発想だけからのユーロ導入推進ではなかった。

しかし、ユーロ導入の壁はあまりにも高かった。「女王を裏切るのか」という批判が飛び、ユーロ加盟支持派と反対派のどちらが愛国的なのかをめぐる論争も起きた。女王が引き合いに出されたのは、イギリスの全ての紙幣（厳密にはイングランドとウェールズの紙幣）に女王の肖像が入っているからだ。ユーロ加盟は、「女王の通貨」を捨てることを意味し、王室支持派には情念的な問題でもある。保守層には、王室を大陸欧州との違いを体現する存在とみなし、女王の通貨を守るためにユーロ加盟に反対する人々もいるのである。

一連の論争の末に、ブレア政権が下した決定は、「ユーロ導入決定の先送り」という事実上の断念だった。

ブラウン財務相は2003年6月、導入に向けた最初のハードルである5つの経済テストをクリアしていない、として「時期尚早」の判定結果を公表した。当時、この判定は、政治的なものに聞こえた。だが、ユーロ危機後に改めてその判定結果を読み返してみると、非常に客観的な判断に見えてくる。

導入断念の理由の一つは、景気サイクルと経済構造がユーロ圏と十分に収斂《しゅうれん》していない、というものだった。例えば、住宅ローンの構造が違うと説明されている。金融資金の流動性が高いイギリスでは住宅ローンの6割が変動型金利であるのに対し、大陸欧州では固定金利が大勢で、ドイツでは8割が固定金利だとしている。だから、ユーロを管理する欧州中央銀行（ECB）が打ち出す金融政策ではイギリスの問題には対処できず、逆に、大きなダメージを受ける可能性があると指摘した。

その後、噴き出したのが欧州債務・ユーロ危機だった。独自の金融政策が取れない弊害は、この危機に際し、南欧の国々がぶちまけた不満である。ユーロ圏では、財政政策は各国が独自に行うのに、金融政策はECBが一括して行うという、構造的な欠陥である。

国家破綻も懸念されたギリシャ情勢などを傍目に、イギリス国民の多くがユーロに加盟しなかったのは賢明だったと思ったことだろう。反欧州派は「ほれ、見たことか」と鬼の首を取ったかのように、勢いづいたのである。

イギリスはEUを離脱するのか？

ユーロ危機は、イギリスとEUの関係をさらにこじらせていく。キャメロン首相は2011年12月、危機への対応を協議したEU首脳会議で、財政規律を強化する条約改正に事実上の「拒否権」を発動した。異例の強硬姿勢の背景には、規制強化から金融街シティを守るという思惑があった。これを境に、欧州統合プロセスはユーロ圏だけが一部で先行する形になり、イギリスはEUの政策決定で「蚊帳の外」に置かれがちとなる。この傾向に、イギリスはさらに反発を強め、ますますEU嫌いになっていくという悪循環に陥ってしまうのである。

イギリスと大陸欧州では元々、統合に向き合う姿勢が異なる。欧州統合は、二度と戦争を繰り返さないという不戦の理念から生まれたプロジェクトであり、仏独にとって、統合とは本質的に政治的プロジェクトだ。その根底にあるのは、「主権国家は問題の解決に失敗した」という反省である。しかし、イギリスにとって2つの大戦は売られた戦争であり、「正しい戦争」に勝利したことへのプライドはあっても、政治的な負い目はない。

１９７３年にＥＵの前身のＥＣ（欧州共同体）に途中参加したイギリスにとって、統合は経済的なプロジェクトであり、ＥＵをグローバル経済に即した市場経済に誘導することに大きな影響を及ぼしてきた。イギリスの欧州懐疑派には、仏独の欧州プロジェクトは、戦争責任で肩身が狭いドイツの経済力を、狡猾なフランスがうまく使って自国に都合の良い統合を進めているように映る。実際フランスのド・ゴール大統領には、欧州を団結させることで超大国・米国に対抗するという野望があった。

理性主義を重んじるフランスは、経験主義のイギリスにとって胡散臭く、あまり肌に合わない。ドイツは20世紀に2度の大戦を引き起こし、イギリスを膨大な戦費で疲弊させ、大英帝国を衰退させた張本人であり、感情的な反発が中々消えない。イギリスと、欧州統合を主導する独仏の溝はなかなか埋まらないのである。

◇　◇　◇

イギリスのＥＵ離脱を問う国民投票は、２０１５年5月7日の次期総選挙で保守党が政権を維持した場合、２０１７年までに行われる予定だ。しかし、仮に国民投票が実施されても、国益に沿った合理的な判断をすれば、イギリスにとってＥＵ離脱という選択肢はあり得ないように思える。

イギリスの輸出にEU域内が占める割合は6割にも達する。金融街シティも大陸欧州との結びつきが強い。この自由経済圏から離脱すれば、海外からの進出企業も含め経済界から悲鳴が上がることは間違いないのである。外交面でも、EUを離脱して大陸欧州への影響力を低下させたイギリスは、アメリカにとってますます重要性が減じるだろう。イギリスは孤立感を強め、大西洋を漂う島国になりかねない。

しかし、イギリスでは、かつてないポピュリズム政治のうねりが生まれている。イギリスの政治は、大陸欧州諸国に比べて過激主義が薄いのが特徴で、極右・極左政党が国会に議席を持つことはなかった。しかし、2014年10月の英南東部クラクトンでの下院補欠選挙で、EUからの離脱と反移民を訴える右翼政党「イギリス独立党（UKIP）」の候補が当選し、初めて国会に議席を獲得。保守党から鞍替えした候補だったとは言え、政界に激震が走った。独立党は同年5月に実施された欧州議会選挙（イギリスの定数73）では、保守党など主要3政党を抑えて最多の24議席を獲得するという躍進をみせた。

欧州議会選挙では、フランスで極右・国民戦線（FN）が、デンマークでも極右・人民党（DF）が反移民などを訴え、第1党に躍り出た。EUは、ポピュリズム政党の繁殖場となったかのようだ。各国で、内政より、欧州政策という「外交」が選挙を左右する状況が生まれているのである。

イギリスのEU離脱問題は、2015年5月の総選挙の結果に関わらず、くすぶり続けるだろう。この項は投票日の1カ月ほど前に書いているが、選挙キャンペーン自体が、イギリス政界の一層の様変わりと、選挙後の政治的波乱を予兆する。

その一端を垣間見せたのが、4月2日に行われたTV党首討論である。TV党首討論は前回2010年の総選挙から始まったが、今回は実に7政党もの党首が一堂に参加。保守、労働、自由民主の主要3政党の党首で行われた前回の党首討論から、一挙に4政党も増えた。新たに加わったのは、EUからの離脱を訴えて支持を大きく伸ばす右翼政党・イギリス独立党（UKIP）、環境重視の緑の党、それにスコットランド民族党（SNP）とウエールズ民族党（プライド・カムリ）の2つの地域政党だ。SNPは、スコットランド独立の是非を問うた2014年9月の住民投票が弾みになり、一気に国会での存在感を強めそうな勢いだ。TV討論の演壇に7党首がずらりと並んだ光景は、イギリスがもはや「2大政党」の国とは言えない実態を明確に映し出していた。

キャメロン首相がEU離脱の是非を問う国民投票の構想を打ち出した背景には、国民投票で離脱を否決に持ち込み、この問題に当面の決着をつけたいという思惑があったはずだ。EU離脱問題は、国民投票のような形で明確な回答を出さない限り、その火種を消せない問題なのである。

◇　◇　◇

第7章で見たように、4つのネーションから成るイギリスは、完全な国民国家でも、連邦制でもない非常に緩やかな国家構造を持つ。歴史家のノーマン・デービス氏が「王朝的複合体」と呼ぶ連合王国は、かつてない激動期にある。国家の骨組みはみしみしと軋み、統治構造の近代化が手探りされる。内政的には、グローバル経済がもたらす格差拡大や移民急増などに対処し、より公正な社会を築くための新たな政治理念の模索が続く。外交面では、伝統的な盟友アメリカとの距離感を測りかね、大陸欧州との関係をめぐり国内は分裂する。さらに、「エリザベス女王」後を見渡すなら、大英帝国の栄光を今につなぎ止める英連邦が果たして存続するのかも不透明だ。

連合王国と英連邦を束ねるエリザベス女王とイギリス王室には、将来への懸念が重くのしかかっている。

コラム⑧

スポーツを生み出すタフな遊び心

サッカーやラグビー、ゴルフなどイギリスで生まれた人気スポーツは数多い。どうして、イギリス発祥のスポーツは国際的な普及力を持ったのか。その理由を考えるとき、思い浮かぶのは、イギリス人の持つ「タフな遊び心」と物事を「ルール化」する合理性である。

イギリス人はタフである。学生時代にヒマラヤ地方の高地を旅行したときの印象は強烈だった。こちらが故障した長距離バスの中で高山病に苦しんでいたとき、初老のイギリス人グループはロバの背に揺られて悠々とバスを追い越していったのである。

中高年のテニスファンなら、ウィンブルドン・センターコートで、試合の雨天中断時に繰り広げられた〝ヒューマン・ウエーブ〟を覚えている人も多いのではないだろうか。観衆が次々に両手を上げて立ち上がり、その波がスタンドを周回するあの光景である。今は、センターコートに開閉式の天井が設置されて過去の光景になってしまったが、観衆は雨と中断を楽しむかのように延々とこの〝マスゲーム〟を続けていたものである。

イギリス人とは、逆境でも「とにかく楽しもう」という精神の持ち主に見える。

当地の著名なジャーナリスト、ジェレミー・パクスマン氏が示唆的なことを言っている。

「フランス革命が市民を創造した一方で、（その時）イングランド人はゲームを生みだしていた」（『前代未聞のイングランド』）。18～19世紀にイギリス人とフランス人がいかにかけ離れた日々を過ごしていたかを説明するものである。

産業革命が起きたイギリスでは、世界に先駆け、労働者階級の誕生とともに「週末」という余暇が生まれた。その時間の過ごし方として、さまざまなゲームがイギリス人的な合理性により制度化されて「スポーツ」として普及。世界人口の4分の1を支配した大英帝国を通して世界へ広まったのである。

見逃せないのは、この「ゲーム（＝ルール化された遊び）」という感覚だろう。スポーツと呼ぶと形式ばって聞こえるが、スポーツの原点は元々「遊び」だということ。古代ギリシャが発祥の近代五輪の英語名も「Olympic Games」である。

ある友人は、イギリス人が次々とスポーツを生み出してきた理由をこう笑い飛ばした。「自分たちが生み出したスポーツが世界に広がると、イギリス人は勝てなくなる。だから、次々と新しいスポーツを生み出す必要があるんだ」。

フェアプレーの精神も、イギリスで生まれたものだ。その経緯はこんな具合である。

フェアプレーの源流は中世の騎士道にあり、「勧善懲悪」的な行動規範を守ることだった。スポーツと関連付けられるのは19世紀で、騎士の末裔も構成員であるジェントルマン階級がスポーツのルールに騎士道的価値観を引き継ぎ、その子弟が通うパブリックスクールの教育において概念として確立していったというものである。

近代五輪の父、クーベルタン男爵はこのフェアプレー精神に感銘を受け、次のように語っている。

「オリンピックとは部分的に、騎士道精神に基づく強い肉体的文化の概念である。イギリスではこの騎士道精神をフェアプレーと呼ぶ。それは、何が美しいかという美学である」

『武士道』の著者である新渡戸稲造も、イギリスのフェアプレー精神に心ひかれた一人だ。その著書にはこんな一節がある。

「『けんかを堂々とやれ！』というフェアプレーの精神、この野蛮と子どもらしさにみちた原始的な感覚の中には、きわめて豊かな道徳の芽生えを見ることができる。これはあらゆる文武の徳の根本ではないか」

そしてこう続ける。

「……（このフェアプレーの精神が）基礎となって、イギリスの偉大な国家が建設されているのである」

第９章

ソフトパワー大国への脱皮

ロンドン五輪を１年後に控え、トラファルガー広場にお目見えした大横断幕　写真：著者撮影

成熟のロンドン五輪

ロンドン夏季五輪が13ヵ月後に迫った2011年6月、筆者は、五輪開会式の芸術監督を務めたダニー・ボイル氏にインタビューした。大ヒット作「スラムドッグ$ミリオネア」（2008年）で自らの監督賞を含むアカデミー賞8部門を総なめにしたイギリス人映画監督である。

ボイル氏は、傍にいるだけで発散するエネルギーが伝染してきそうな人だった。私はイギリスで作家のフレデリック・フォーサイス氏やBBCの自然ドキュメンタリーで知られる動植物学者、デービッド・アッテンボロー氏ら多くの著名人にインタビューしたが、こうした上流階級のエスタブリシュメントとは全く雰囲気の違う人だった。それもそのはず、ボイル氏は労働者階級の出である。ボイル氏は、開会式の演出を担当する意気込みをこう口にした。

「私は控え目な性格だが、ステージを与えられたら、どこまでも大胆にやってみせる」と。この乗りは、イギリスの上流階級にはない。

ボイル氏は、壮観な開会式で世界をうならせた前回の北京五輪を引き合いに、ロンドン五輪はより親近感のある「ピープルズ・ゲームズ（人々の五輪）」にしたいと話した。その理由を説明する彼の歴史観は印象に残った。

「中国は大国であることを世界に示す必要があったが、今のイギリスは世界に何かを見せびらかす必要はない。イギリスはかつて世界を支配し、限りない富を自由にできた。しかし、それは100年以上も前の話であり、もう当時のように振る舞うことはできない。それは良いことだ。我々は、当時の過ちから学び、それ以来、世界に多くの優れたものを提供してきた。我々は、世界におけるイギリスの現実の位置を知らなければならない。だから、開会式は壮観ではあっても、より人々を包摂するものになるだろう」

ロンドン五輪開会式
©JMPA

主催国が威信をかける五輪はその国の「時代精神」を映し出す。北京五輪や、開催後に財政危機を招いたギリシャ・アテネ五輪（2004年）は、国威発揚や国際的な地位向上を急ぐ野心がにじんだ。しかし、イギリスにそんな気負いはない。大英帝国の繁栄の頂点からほぼ1世紀。現在のイギリスは、多くの移民を受け入れ、紆余曲折を経ながらも多民族社会の道を歩んでいる。そのキーワードは、多様性だろう。ボイル氏の話を聞きながら、ロンドン五輪では、「開かれた社会」へ努力するイギリスの姿が世界へ発信されることだろう、と想像した。

彼が、イギリスという国と「人々の五輪」をどうアピールするのか。開会式を楽しみに待つことにした。

◇　◇　◇

2012年7月27日。史上初めて同一都市で3度目の開催となるロンドン五輪が開幕した。メインスタジアムでの開会式は、8万人の観衆と世界の20億人がテレビで見守った。

冒頭、イギリスの緑豊かな田園地帯を再現するフィールド劇では、長閑《のどか》で素朴で、幸福そうなコミュニティが表現された。田園地帯は、「ピーターラビット」や「くまのプーさん」など数々の名作童話を生んだイギリス人の創造力の源泉であり、イギリス人にとって「幸福な人生」の原初的風景である。ボイル氏は、イギリス人の「コア・バリュー（中核的価値）」が田園にあるとアピールしたのだろう。とは言っても、70頭の羊を始め牛、鶏、ヤギなど多数の生きた家畜を出演させたのは、サプライズだった。

産業革命や2つの世界大戦などイギリス近現代史を概観するフィールド劇は、メリハリの効いた音楽の効果も手伝って、迫力満点だった。フィールド劇には総勢7500人のボランティアが参加。舞台監督でもあるボイル氏の異才がほとばしる内容だった。

中でも、人々を強く印象づけたのは、エリザベス女王の「最初で最後」の映画出演だろう。女王は「007シリーズ」の中に溶け込むように、ジェームズ・ボンド役の俳優ダニエル・クレイグにエスコートされてバッキンガム宮殿からヘリで開会式上空へ。ユニオン・ジャック柄のパラシュートで降下（実際は別人）するという演出だった。

ボイル氏は、女王をエンターテーメントの一部に仕立て上げてしまったのである。女王が出演に応じたのは、「幸福産業」としての王室の役割を自覚しているからだろう。ダイアナ事故死以前の女王だったら、想像すらできない姿だった。時代の変遷とともに、自らも変わっていくイギリス王室の姿は、五輪にも映し出されていた。

さらに、Mr.ビーンこと喜劇俳優ローワン・アトキンソンによる映画「炎のランナー」のパロディを開会式に盛り込んだのも、実にイギリス的だった。「国家の威信」が前面に出る旧来の五輪開会式では、発想の及ばない演出ではないか。随所にブリット・ポップのスタンダード曲を流し、最後はポール・マッカートニーが観客や選手らと一緒に「ヘイ・ジュード」を歌い上げる。まさに、「人々の五輪」を強調する開会式になっていたように思う。

ボイル氏は、イギリスが世界に提供した「多くの優れたもの」をこれでもかという感じで発信した。それは、イギリス人のクリエーティビティに対する自信の表出だった。ボイル氏はまた、開会式に個人的なメッセージも込めていた。戦後創設された無料の国民医療制度（ＮＨＳ）の素晴らしさをアピールするフィールド劇がそれだ。出演したのはロンドン市内の子ども病院の看護師や患者ら６００人で、３２０ものベッドをフィールドに並べるという、大胆な演出だった。

ＮＨＳは、「揺りかごから墓場まで」で知られるイギリス的高福祉社会の象徴だ。あのサッチャー首相でさえ改革の手を出せなかった「市民社会」の金字塔だが、巨額の予算を食うＮＨＳをいかに効率化するかは歴代政権の頭痛の種となっている。労働者階級出身で左派的なボイル氏は、この劇により、政府に対し「ＮＨＳには手を付けるな」という暗黙のメッセージを送ったのである。

世界の大半の人々にとって、ＮＨＳ劇は意味不明だったのではないかと思う。こんな演出を五輪開会式という大舞台で許してしまう懐の深さが、イギリスにはある。

映画「スラムドッグ＄ミリオネア」を観た人なら、映画と同じようなボイル氏の「破天荒さ」を開会式に見たことだろう。ＢＢＣロシア語放送の記者が、「優雅なる混沌。実にイギリス的なるもの」とうまく表現していた。

ロンドン五輪は、「成熟したスポーツの祭典」として成功だったと評価されている。多くのイギリス人が純粋にスポーツ観戦を楽しみ、他国選手にも惜しみない声援を送る姿は、外国人の選手や記者を強く印象づけたようだ。さらに、五輪後のパラリンピックでも、開会式は8万人収容のスタジアムが観衆で埋まり、各種競技のチケット270万枚がほぼ完売するという盛り上がりぶりだった。健常者と障害者に分け隔てなく接するイギリス人のスポーツへのアプローチ。この姿勢を、2020年の夏季五輪開催国として日本人は知っておいても良いのではないだろうか。

労働者階級の血を引くプリンス誕生

2012年から2013年にかけ、イギリス王室はかつてない幸福感に包まれた。エリザベス女王はロンドン五輪が開かれた2012年に即位60年を迎え、ダイヤモンド・ジュビリーのお祝いが盛大に行われた。翌13年7月には、ウィリアム王子とキャサリン妃の間に第1子の男の子が誕生した（2015年春に第2子誕生の予定）。王室には今後3代の世継ぎがそろったのである。

男の子は「ジョージ・アレクサンダー・ルイ」と名付けられる。キャサリン妃の出自から、イギリス王室初の労働者階級の血を引く王位継承予定者である。デーリー・メール紙は「多くのミドルクラスと労働者階級の血を受け継いだ最初の君主となるプリンスの誕生を特別な喜びで歓迎したい」と祝福し、ジョージ王子を「国民のプリンス」と呼んだ。

彼が王位を継ぐのは、半世紀も先のことだろう。そのころ、王室が存在しているかどうかも分からない。しかし、メディアや社会の関心がジョージ王子に向かうことで、イギリス王室はようやく一つの呪縛から解き放たれる。王子誕生は、王室が「ダイアナの影」から脱け出し、新たな時代へ踏み出す契機となるだろう。「国民のプリンセス」と慕われたダイアナ元妃のＤＮＡが、世代を重ねて王室に新たな血を呼び込み、ジョージ王子へ引き継がれたのである。

◇　◇　◇

キャサリン妃の出産をめぐる報道は、相変わらずの過熱ぶりだった。出産予定のロンドン市内のセントメアリー病院前には、３週間も前からカメラマンの脚立《きゃたつ》が並び始めた。王室は、世継ぎ誕生の告知を、宮殿のイーゼル（画架）への貼り出しではなく、初めてネットで速報した。出産の翌日、退院に際し、王子夫妻は病院前で待ち続けた報道陣と市民に赤ちゃんをお披露目した。ウィリアム王子は長袖のシャツを捲り上げたラフな格好で、こう話した。

「みなさんが長い間、ここで待っていたことは知っています。病院もみなさんも、これでようやく普段の生活に戻れますね。私たちも帰って、この子の世話をします」

そう話したウィリアム王子は、赤ちゃんを乗せたチャイルド・シートを自動車に取りつけ、自分で運転して病院を去った。

一連の言動は、改めて「新時代の王室」を国民に印象づけたことだろう。王子出産をめぐるイギリス・メディアの報道ぶりは、王室とメディアの関係が成熟しつつあることも示した。パパラッチに追い回されたダイアナの教訓が、生かされているのである。現在も行き過ぎた取材行為はあるが、キャサリン妃がダイアナのように追い回されることはない。一方で、王室は、メディアの「王室像」の報道が支持や人気の源泉であることを十分に認識している。だから、節度ある取材行為を前提に、王室が取材機会を提供するという関係が成立しているのである。

かつて大衆紙サンの記者としてダイアナを追いかけたフィル・ダンピエール氏はこう指摘する。

「ダイアナの死後、パパラッチ文化は変わった。メディアはウィリアム王子らを追いかけても、一定の距離を保っている。今は、王室が同意しなければ、彼らの写真は手に入らない」

ロイヤルベビー誕生をめぐる報道で、イギリス・メディアは「世界がいかに王室に注目しているか」について繰り返し報じた。そんな報道に気を悪くするイギリス人はあまりいないだろう。王室は時に、イギリス人に「世界の中心」にいる感覚を与えているのである。

「イギリスが世界に売れるものは何か」。その答えの一つが、「王室」であることは疑いようがない事実なのである。

王制を支持しないリベラル系ガーディアン紙でさえ、イギリス王室の存在感を認めている。同紙はロイヤルベビー誕生の報道（2013年7月22日付）で、ジョージ王子が王位を継承する時代に王制は存続しているかと自問し、こう書いた。

「我々が過去50年で学んだことは、王室には、ロジックに挑むような強靭性があるということだ。（その答えは）イエスに違いない」

王位継承に布石を打つチャールズ皇太子

イギリス政府は、キャサリン妃の出産に合わせ、王位継承を従来の男子優先から、男女に関係なく長子継承とする改革を行っていた。

キャメロン首相はその理由を「イギリスは社会生活の他のすべての分野で男女平等を支持しており、最高の公的地位に関するルールで男性優先を続けるのは不合理である」と述べていた。プリンス誕生により結果的に改正法の出番はなかったものの、王室にも男女平等の原則を適用することを、多くの国民は「時代の流れ」だと受け止めた。

しかし、王室を一般社会に近づける改革は〝自己矛盾〟を内包していることも見逃せない。

階級社会のイギリスでは、出生は「人生最初の宝くじ」とも言われる。世襲の王室は、現代社会において明らかに「不合理な存在」である。その王室に男女平等という合理性を求めるなら、なぜ「すべての人間は平等」という民主主義の基本理念を適用して廃止しないのか、という問い掛けがその先に頭をもたげてくるからだ。

王制は、民主主義の理念で丸裸にされれば、存続が難しくなるだろう。イギリス王室が、人々を惹きつけてきた最大の理由は、長い歴史と伝統に基づく「神秘性」に包まれているからである。王室の神秘性が減じれば、その魅力も低下しかねないというリスクがある。

それでも、王室近代化の流れはもう止められない。ならば、「神秘性」と「合理性」のバランスをいかに図っていくのか。この点に、イギリス王室の将来はかかっているように思える。

◇　◇　◇

ウィリアム王子一家に脚光が集まる陰で、チャールズ皇太子は王位継承に向けて着実に準備を進めてきた。

皇太子は「愛人」と呼ばれてきたカミラ・パーカー・ボールズさんと2005年4月9日に正式に再婚した。女王は出席せず、30人ほどを招いただけの結婚式は「世紀のジミ婚」とも呼ばれ、イギリス社会の皇太子を見る目の厳しさを物語った。2人は、ウィンザー城の教会で行われた礼拝式で「我々のいくつもの過ちを認め、悔い改め、心から申し訳ないと思う」と唱和した。イギリス国教会の祈禱書からの引用だが、不倫関係を続けてきた2人がダイアナ元妃と国民に謝罪した形だった。カミラさんも離婚歴があり、前夫は健在で、2人の子どもがいる。

エリザベス女王は結婚式への出席は見合わせたものの、その後の披露宴では心温まるスピーチを行った。自らの持ち馬が障害レースで勝ったことに引っかけ、こう祝福した。「彼らは（障害を）乗り越えた。私はそのことを非常に誇りに思い、幸福を願っている」

ダイアナ元妃との離婚から、再婚までに費やした歳月は9年。ダイアナ人気と、その彼女を不幸にした皇太子とカミラさんへの風当たりの強さは、コインの裏表である。

カミラさんは、ダイアナ元妃の記憶が国民から薄れていくのに合わせ、徐々に国民への露出を高めてきた。カミラさんがエリザベス女王と一緒に表舞台に登場するシーンが増えてきたのは、2002年の女王の即位50年ごろからだ。国民の反応を探りながら、「愛人」から「連れ合い」へ、「連れ合い」から「正妻」へ。一歩ずつ、着実に再婚への駒を進めてきたのである。

ダイアナ事故死のころ、チャールズ皇太子がカミラさんと結婚するとは誰も思わなかった。再婚は果たしたものの、カミラさんは「皇太子妃」ではなく「コーンウォール公爵妃」の称号を名乗る。国民の抵抗が強いからだ。大衆紙ミラーが再婚前に行った世論調査では、国民の68％が再婚を支持する一方で、83％がカミラさんは将来、王妃を名乗るべきではない、と答えている。

しかし、カミラさんが将来、王妃を名乗る可能性は十分にあるように見える。その根拠を、以下に示したい。イギリス社会の柔軟性を示すエピソードである。

チャールズ皇太子の再婚にまだ現実味がなかったころ、再婚すれば、王位継承に大きな障害が生じることが想定されていた。国王がイギリス国教会の最高権威を兼ねるため、「再婚者が宗教界のトップに立てるか」という難問だった。規律に従えば、「ノー」と見られた。実際、国教会は当初、王位継承者の再婚は「教会を危機に陥れる」と警告していた。イギリス的現実主義の真骨頂が発揮されるのは、ここからである。

最高位聖職者であるカンタベリー大主教、ジョージ・ケアリー氏（在職1991～2002年）は突然、態度を軟化させ、まず再婚の容認に転じる。その理由がふるっている。「キリスト教とは、許しである。失敗は人間の条件の一部である。自然なのは、彼らが結婚することだ」

その後、ケアリー氏の後継者となったローワン・ウィリアム・カンタベリー大主教（在職２００２～２０１２年）が正式に、チャールズ皇太子が再婚しても国教会の最高権威に就くことができるとの見解を表明することになる。

これは驚くに当たらないのかもしれない。なぜなら、イギリス国教会そのものが、16世紀に国王ヘンリー8世が自らの離婚と再婚問題を乗り越えるため、ローマ・カトリック教会から分離し、設立されたという生い立ちを持つからである。

イギリス人の国民性は「穏健で現実主義」（エリザベス女王）。その社会は、清濁併せ呑み、穏健に、漸進的に前へ進む。そんな保守主義の真髄が社会を動かしているのがイギリスであり、国民はいずれカミラさんを王妃として受け入れるように思えるのである。

キープ・カーム・アンド・キャリー・オン

イギリスの情報誌「モノクル（MONOCLE）」は毎年、世界各国のソフトパワーをランク付けしている。ソフトパワーとは、軍事力やカネの力に頼らず、その国の魅力で国際社会に与える影響力を指す。近年、各国が外交力の要素として重視しているものだ。モノクル誌は２０１２年版ランキングで、「世界最強のソフトパワー大国」に初めてアメリカではなくイギリスを選んだ。２０１２年は、エリザベス女王の即位60年式典やロンドン五輪があった年である。同誌はその評価で、「伝統的なイギリス観は陳腐化した。スポーツからデザイン、音楽から映画まで、21世紀のイギリスは過去とは違う。現代のイギリスは、オリンピック開会式のセレモニーに象徴されている」と理由を示した。

ソフトパワーという概念の生みの親である米ハーバード大教授、ジョセフ・ナイ氏（元米国務次官補）は、ジョージ王子の誕生に合わせてフィナンシャル・タイムズ紙（２０１３年7月24日）に寄稿している。

ナイ氏は「21世紀の世界において、一人の赤ちゃんが国家のグローバルパワーに影響を与えうるか」と問い掛け、「君主は良くも悪くも現代の国際政治に重要である。ジョージ王子はイギリスのソフトパワーに影響を与える」と指摘した。その理由として、現代は「セレブの時代」であり、イギリス王室はロック歌手やスポーツ選手のスーパースターと注目度で肩を並べる、と説明。現代の外交では各国の世論にアピールすることの重要性が高まっており、情報化時代のパワーは、どこの国の軍事力が勝るかというだけでなく、「誰のストーリー」が勝つかが物を言う、と説いている。

ナイ氏はまた、情報化時代の逆説は、情報量が爆発的に増加するにつれて、人々の関心が分散し、大きな注目を集めることが難しくなっていることだと分析した上で、「今世紀の大きなアイロニーは、階級制の遺物である現代の王室が、イギリスに海外の注目を集める極めて経済効率の良い手段になっていることだ」と王室の価値を再評価している。

イギリスの国力は戦後、衰退してきた。その流れの先に現れたグローバルな情報化時代に、王室は新たな「レーゾン・デートル（存在意義）」を見つけたようだ。それは、イギリスのイメージ、メッセージを対外発信することで、イギリス国民の「誇りの象徴」となり、求心力を保つことである。

イギリス王室はその歴史を通し、外国から国王を積極的に迎え入れ、階級を越えて新たな血を導入することで、時代の荒波を乗り越えてきた。その生命力の強さは、大英帝国を失っても、エリザベス女王が旧植民地国などで構成する英連邦の首長であり、イギリスを含む16ヵ国の元首であり続けていることが証明している。そんな君主は、歴史上かつて存在しない。

革命により、1952年に王位をはく奪されたエジプトのファルーク国王はこんな予言を残している。

「世界の国王はそのうち5人しかいなくなるだろう。イングランドの国王と、（トランプの）スペードのキング、クラブのキング、ハートのキング、ダイヤモンドのキングである」

その予言からほぼ60年を経て、イギリスの王室はさらにその基盤を強めているように見える。進歩的な歴史観からすると、説明しがたい状況だろう。しかし、理性ではなく、経験を重視するイギリスでは、歴史は必ずしも直線的に進むべきものとは見なされない。それこそが、伝統の国イギリスの叡智なのだろう。

国家、社会とは、そこに住む人々の想像力の産物であるということを、イギリス立憲君主制の強靭さは示しているのである。

◇　◇　◇

イギリスでは近年、政府が第2次大戦の初期に国民を鼓舞するために作成したポスターの複製を様々な場所でみかけるようになった。シンプルなポスターは、王冠の下に「KEEP CALM AND CARRY ON（静かに、前へ進め）」と書かれているだけだ。2000年代後半の緊縮財政や経済危機が、そのスローガンに新たな息吹を与えたのだろう。

イギリス王室の近年の歩みは、まさに「キープ・カーム・アンド・キャリー・オン」を地でゆくものだ。劇的に変化する時代状況に冷静に適応することで、エリザベス女王は王室を新たな黄金期に導いた。そのエリザベス女王は2015年9月9日に、ビクトリア女王の在位期間2万3226日（約63年7ヵ月）を越え、歴代最長の在位を誇るイギリス国王となる。

ジャーナリスト、アンドリュー・マー氏は著書『THE DIAMOND QUEEN』で次のように指摘している。

「今日のイギリスにおいて、民主主義と君主制はもはや相反するものではない。奇妙に見えるかもしれないが、お互いに支え合っているのである」

イギリスは、アメリカとともにリベラルでオープンな国際システムの構築を先導してきた。その行き着いた先が、現在のグローバル化世界である。グローバリゼーションの特質は、世界を経済的に統合する一方で、それぞれの国においては社会が分裂しがちだということである。現代のイギリスは、デジタル情報革命と共に加速するグローバリゼーションの最先端にあり、乱気流の中で苦闘している。その中で、王室は、イギリスの過去と現在と未来をつなぐ存在として、イギリスがイギリスであり続けるため、これからも、社会の「安定装置」として機能していくことだろう。

あとがき　ロンドンから見た日本

私がロンドンとワシントンで特派員生活を送った時期は、日本の「失われた20年」と重なった。バブル経済崩壊後、日本は政治も経済も、そして社会も何をやってもうまくいかない時代だった。少なくとも海外メディアの捉え方はそうだったし、日本人の多くが自信を失っていたのではないか。こうした時期に海外にいたことで、随分と日本のことを考えるようになる。2002年10月にロンドン駐在を経て帰国した際、毎日新聞の「記者の目」というコーナーに以下のような記事を書いた。5年間の駐在期間中、一度も帰国しなかった目には、久々に見る日本社会という〝被写体〟が印画紙に焼き付くように陰影がくっきりと映った。

◇　◇　◇

〈ロンドンでの特派員生活を終え、この秋、5年ぶりに帰国した。外国メディアを通して英国で見た日本像は、不良債権などによる経済失速や政治腐敗に対処できない「ダメな国」だった。帰国後、強い危機感が漂っていると思いきや……。正直、拍子抜けした。活気がないのは事実だったが、テレビはグルメと温泉情報にあふれかえり、外国の懸念を尻目に「一国快楽主義」とでも呼びたい様相だ。この根底には、将来像を示せない政治の貧困と、個人が夢を描けない寂しい現実があるように感じている。

日本には「イギリス真理教」なる言葉があるようだ。英国社会のマイナス面も肯定的にとらえ、「だから英国は素晴らしい」と感激する人たちのことを呼ぶ。明治の「脱亜入欧」以来のあこがれと劣等感が生み出す現象かもしれない。私は真理教徒ではないが、駐在生活を振り返ると「英国の芝は青かった」というのが偽らざる感想である。この先の日本での生活を考えると「見てはいけないもの」を見てしまった気すらする。そう思うくらい生活の質の違いは歴然としていた。

ロンドンでは電車の遅れは日常茶飯事だし、日用品ひとつとってもお粗末なものが多く、日本的な基準からすれば「不便」だった。しかし、空間の豊かさは素晴らしく、生活の潤いが実感できた。例えば、中心部から地下鉄で約30分の自宅周辺でも広い公園があり、ゴルフ場やテニスコートが整備され、格安で楽しめた。余暇を楽しむのに金持ちである必要はなかった。

日本社会の効率性、隅々まで行き届いた、過剰なまでのサービスには改めて感心する。定刻通りに来る電車に、外国人なら誰でも驚く。一方で、駅売店にずらりと並ぶ「ストレス社会」の象徴とも思える栄養ドリンクの多さにも驚き、年間の自殺者数約3万人というのは想像を超えた世界のようだ。

満員の通勤電車で多くの人の疲れた姿を見ると、日本経済の緊急課題である不良債権、デフレ問題が解決したとしても、生活にどんな「夢」を持てるのだろうかと思ってしまう〉

◇　◇　◇

10年以上前に書いた原稿を改めて読み返してみて、日本社会を覆う表向きのムードは変わりつつあるように思う。格差拡大という問題は大きいものの、アベノミクス効果から株価は上昇し、大手企業はベースアップを行っている。一方で、毎年のように政権が代わり、「決められない政治」が批判されてきた政治状況を見ると、安倍晋三首相が国家主義的な政策を推し進めている。安倍自民党は２０１４年12月の解散総選挙に勝利し、自己過信のムードが漂う。政権発足からわずか2年で、日本は政治的に「自信のない国」から「過信する国」に振り子が大きく振れた。その安定感のなさ、国の在り方に、危うさを感じざるを得ない。

日本の政治のベクトルは一体どこを目指しているのだろう。イギリスから見ていて、日本の政治、社会に決定的に欠けているのは、「コア・バリュー（中核的価値）」ではないかと思う。何を一番大切にするのかということである。そんなことを考えるようになったのは、個人的体験がきっかけだった。

最初にロンドンに赴任して1年ほど経ったときのこと。知人のイギリス人外交官が定年退職を迎え、生まれ故郷でもない田舎に家を買い、引っ越すことになった。長年住んだ、魅力的なロンドンをどうして離れるのか。この疑問に対し、彼はこう答えた。「緑豊かなイギリスの田園地帯には、ロンドンにはない〝クオリティ・オブ・ライフ（生活の質）〟があるからだよ」。

そのとき、筆者は30代後半だったが、「クオリティ・オブ・ライフ」という言葉に大きな衝撃を受けた。それまでの人生において「生活の質」などということに思いを馳せたことは一度もなかったからだ。そして、生活の質という視点から見た場合、世界第2の経済大国・日本（当時）の実情は国民にとって満足のいくものだろうか。胸に手を当てて振り返れば、モノに恵まれた豊かさはあっても、質の高い生活とは言えそうもない。だいたい、日本人、日本の政治は果たして生活の質というようなことを意識したことはあるのだろうか。ないなら、日本には何かとても大きな視点が抜け落ちているのではないか、と思わざるを得なかったのである。

安倍政権下では、地方創生や女性の活用が大きな課題となっている。そのアジェンダ（課題）設定は正しいのだろう。しかし、問題は、仮にこうした課題がそれなりに達成されたとして、国民はよりハッピーになるのかということではないか。地方創生や女性の活用自体は、国民をより幸福にするための手段（政策）であって、政治の最終的目標ではないはずである。

日本の年間自殺者数は3万人を切るようにはなったが、10年前に比べ、社会の「生きづらさ」は少しは改善しただろうか。家庭での子どもの虐待や学校でのいじめ、学生の就職活動の在り方、シングル世帯の増加、経済的な理由から子どもをつくらない夫婦、うつ病などの精神疾患で職場を離れる会社員の増加などの実情を見ていると、日本人を取り巻く「生活の質」は急速に悪化しているのではないかとさえ思えてくる。歯止めがきかない人口減少は、国民がいかに自らの置かれた状況をハッピーだと感じていないかを示すバロメーターなのではないだろうか。

日本の政治に「生活の質」という視点が欠けていることの証左は、非正規雇用の問題だろう。政治は、社会保障などのセーフティネットを充実させることなく、労働規制の緩和で非正規雇用を後押ししているのが実態である。そこに見て取れるのは、国民生活への視点ではなく、グローバル経済における日本の国際競争力の維持という政治的意思でしかない。私は、近年よく見かけるようになった「経済成長を追い求めるのはもう止めよう」という論には与しない。日本の政治に問いたいのは、「何のための成長か」ということである。

特派員として外国を報道することは、つまるところ、自分の国・日本を見つめ直す作業だったように思う。イギリスとアメリカに駐在したことで、日本の現状に対する多くの疑問が湧いてきた。本書を書いたベースにあるのは、その問題意識である。

2度目のロンドン駐在から帰国した後、作業に取りかかり、本書を上梓するまでに3年がかかった。この間、講談社現代新書の髙月順一さんには、多くの貴重なアドバイスをいただいた。新聞記者の書く記事は、日々流れる「フローの情報」と言える。それをいかに系統立てて本という「ストックの情報」へと転化するか。この点に関する髙月さんの指導がなければ、出版までこぎ着けることはできなかったと思う。末尾ながら、深く感謝したい。

2015年4月

笠原敏彦

主要参考文献

●青山吉信、今井宏編『新版　概説イギリス史』（有斐閣選書　１９９１年）
●近藤和彦『イギリス史10講』（岩波新書　２０１３年）
●君塚直隆『女王陛下の外交戦略』（講談社　２００８年）
●トニー・ジャット　森本醇、浅沼澄訳『ヨーロッパ戦後史』（上下、みすず書房　２００８年）
●小池滋監修『世界の歴史と文化　イギリス』（新潮社　１９９２年）
●マーガレット・サッチャー　石塚雅彦訳『サッチャー回顧録』（上下、日本経済新聞出版社　１９９３年）
●Norman Davies『THE ISLES』(Macmillan 1999)
●Andrew Marr『A HISTORY OF MODERN BRITAIN』(Macmillan 2007)
●Niall Ferguson『EMPIRE HOW BRITAIN MADE THE MODERN WORLD』(Penguin Books 2003)
●Niall Ferguson『COLOSSUS The RISE AND FALL OF THE AMERICAN EMPIRE』(Penguin Books 2004)
●Walter Russell Mead『GOD AND GOLD Britain, America and the Making of Modern World』(Vintage Books 2007)
●Ivo H. Daalder, James M. Lindsay『AMERICA UNBOUND : THE BUSH REVOLUTION IN FOREIGN POLICY』(John Wiley & Sons 2005)
●Ritchie Ovendale『Anglo-American Relations in the Twentieth Century』(Macmillan 1998)
●Robert Hardman『OUR QUEEN』(Arrow Books 2012)
●Andrew Marr『THE DIAMOND QUEEN』(Macmillan 2011)
●Peter Riddell, Catherine Haddon『Transition : Preparing for Changes of Government』(The Institute For Government 2009)
●Tony Blair『A Journey』(Hutchinson 2010)
●Philip Stephens『Tony Blair The Making of A World Leader』(Viking 2004)

講談社現代新書 2317
ふしぎなイギリス
二〇一五年五月二〇日第一刷発行

著　者　笠《かさ》原《はら》敏《とし》彦《ひこ》

発行者　鈴木 哲
発行所　株式会社講談社
東京都文京区音羽二丁目一二―二一　郵便番号一一二―八〇〇一
電　話　〇三―五三九五―三五二一　編集（現代新書）
〇三―五三九五―四四一五　販売
〇三―五三九五―三六一五　業務
装幀者　中島英樹
印刷所　大日本印刷株式会社
製本所　株式会社大進堂
定価はカバーに表示してあります　Printed in Japan

N.D.C.360　349p　18cm
ISBN978-4-06-288317-7

「講談社現代新書」の刊行にあたって

教養は万人が身をもって養い創造すべきものであって、一部の専門家の占有物として、ただ一方的に人々の手もとに配布され伝達されうるものではありません。

しかし、不幸にしてわが国の現状では、教養の重要な養いとなるべき書物は、ほとんど講壇からの天下りや単なる解説に終始し、知識技術を真剣に希求する青少年・学生・一般民衆の根本的な疑問や興味は、けっして十分に答えられ、解きほぐされ、手引きされることがありません。万人の内奥から発した真正の教養への芽ばえが、こうして放置され、むなしく滅びさる運命にゆだねられているのです。

このことは、中・高校だけで教育をおわる人々の成長をはばんでいるだけでなく、大学に進んだり、インテリと目されたりする人々の精神力の健康さえもむしばみ、わが国の文化の実質をまことに脆弱なものにしています。単なる博識以上の根強い思索力・判断力、および確かな技術にささえられた教養を必要とする日本の将来にとって、これは真剣に憂慮されなければならない事態であるといわなければなりません。

わたしたちの「講談社現代新書」は、この事態の克服を意図して計画されたものです。これによってわたしたちは、講壇からの天下りでもなく、単なる解説書でもない、もっぱら万人の魂に生ずる初発的かつ根本的な問題をとらえ、掘り起こし、手引きし、しかも最新の知識への展望を万人に確立させる書物を、新しく世の中に送り出したいと念願しています。

わたしたちは、創業以来民衆を対象とする啓蒙の仕事に専心してきた講談社にとって、これこそもっともふさわしい課題であり、伝統ある出版社としての義務でもあると考えているのです。

一九六四年四月　野間省一